Wilhelm Emmanuel Ketteler

Deutschland nach dem Kriege von 1866

Wilhelm Emmanuel Ketteler

Deutschland nach dem Kriege von 1866

ISBN/EAN: 9783744698245

Hergestellt in Europa, USA, Kanada, Australien, Japan

Cover: Foto ©ninafisch / pixelio.de

Weitere Bücher finden Sie auf **www.hansebooks.com**

Deutschland

nach dem Kriege von 1866.

Von

Wilhelm Emmanuel,

Freiherrn von Ketteler,

Bischof von Mainz.

Die Wahrheit wird euch frei machen.
Joh. VIII, 32.

Sechste Auflage.

Mainz,
Verlag von Franz Kirchheim.
—
1 8 6 7.

Mainz,
Druck von Franz Sausen.

Vorwort.

Vergangenheit und Zukunft fordern uns auf, unsere Ansicht über die Ereignisse, die hinter uns liegen, festzustellen, unsere jetzige Lage, unsere Wünsche, Hoffnungen und Befürchtungen für die Zukunft auszusprechen.

Das ist eine Pflicht gegen uns selbst, gegen unsere deutschen Mitbrüder, die in ihren religiösen und politischen Ueberzeugungen von uns abweichen, gegen unser gemeinsames Vaterland. Eine Pflicht gegen uns selbst; denn es ist Pflicht eines Christen, über die jüngsten Zeitereignisse, welche auch für das ganze christliche Leben eine so große Bedeutung haben, ein Urtheil und so viel möglich ein richtiges Urtheil zu haben. Eine Pflicht gegen unsere in ihren religiösen und politischen Ueberzeugungen von uns abweichenden deutschen Mitbrüder, damit sie nicht falsch, nicht mit Vorurtheilen von uns denken. Eine Pflicht gegen unser gemein-

sames Vaterland, dessen Wohlfahrt davon abhängt, daß die
rechten Wege bei der Neugestaltung so vieler Verhältnisse ein=
geschlagen werden. Wir sehen einen Weg voll innerer
Kämpfe, voll der Schmach und des Verderbens für unser
deutsches Vaterland vor uns; wir sehen aber auch noch
Wege, die uns retten können. Wir müssen uns darüber
klar werden.

Zu dieser Aufklärung und Verständigung und zur War=
nung vor den Gefahren soll diese Schrift einen Beitrag liefern.
Ich kann bei derselben nur für zwei Dinge einstehen; er=
stens, daß ich sie ohne jeden Rückhalt und Hintergedanken
geschrieben und mich deßhalb mit der möglichsten Freimüthigkeit
über Alles äußere, was ich berühre; zweitens, daß ich die
feste Ueberzeugung habe, daß nur die Wahrheit, aber diese
auch immer frei macht, d. h. uns und unserm Vaterlande
allein helfen kann. Die Liebe zur Wahrheit und die Liebe
zu Deutschland sind ohne Ausnahme die leitenden Gedanken
meiner Schrift.

Ich habe in dieser Schrift die Ansicht ausgesprochen,
daß, wenn kein neuer verderblicher Bruderkrieg über uns
kommen soll, was ich unmöglich herbeiwünschen und deß=
halb ebenso unmöglich als Mittel zur künftigen Gestaltung
Deutschlands berücksichtigen kann, nur ein Anschluß der
Südstaaten an den Nordbund unter gewissen Bedingungen
fast als die einzig mögliche Lösung erscheint, wenn
wir nicht Gefahr laufen wollen, bei der nächsten Kata=

— V —

strophe zu Grunde zu gehen oder, was für uns dasselbe ist, mit dem linken Rheinufer französisch zu werden, — ich bitte hierbei nicht zu übersehen, daß die erste dieser Bedingungen ist: Zustimmung Oesterreichs und ein friedlicher, Oesterreich befriedigender Bruderbund zwischen den beiden dann entstehenden Theilen Deutschlands. Zu unserer überaus peinlichen Situation gehört vor Allem das Schweigen Oesterreichs über seine Auffassung, über seine Anforderungen bezüglich der allgemeinen deutschen Fragen. Wir gestehen Oesterreich vollkommen, trotz Nikolsburg und Prag, das Recht zu, mitzusprechen und seine Ansprüche über Alles zu erheben, was über die Maingrenze hinaus geschieht. Wir können aber nicht warten und vielleicht Deutschland dem Untergange preisgeben, bis Oesterreich gesprochen hat. Wenn Oesterreich seiner inneren, durch das Zusammenwirken der gesammten europäischen Revolution schlau bewirkter Verwickelungen wegen, sich vielleicht veranlaßt sieht, noch länger zu schweigen, so müssen wir in Gottes Namen, doch immer mit offenen Armen gegen Oesterreich, uns einrichten, so gut es geht. Wenn dann Oesterreich aus allen diesen inneren Kämpfen, wie wir zuversichtlich hoffen, wieder gestärkt hervorgeht, wenn ein starkes, gesundes Verfassungsleben hergestellt ist, so wird sicher der Tag kommen, wo das übrige Deutschland die Verbindung mit Oesterreich wieder fester knüpfen, vielleicht Oesterreich selbst um Hilfe und Schutz bitten wird. Wir dürfen bei Allem, was wir erstreben, nur diese friedlichen Entwickelungen im Auge haben; wir können nur wünschen, daß Deutschland durch Gerechtigkeit und Wahrheit wieder gewinne, was es verloren hat; wir können nur in diesem friedlichen Geiste die Zukunft besprechen; wir können nur mit gleichem Wohlwollen gegen alle deutschen Volksstämme zu einem Kampfe gegen die inneren Feinde auffordern, gegen jene Bestrebungen von oben und unten, die alle Fundamente staatlicher Ordnung erschüttern. Der Mensch denkt, Gott lenkt — das wissen wir dabei wohl.

Ich habe in dieser Schrift theils politische Ansichten, theils Grundsätze des Christenthums, welche die ewigen Grundlagen der Weltordnung sind, besprochen. Es versteht sich von selbst, daß ich für erstere keine höhere Geltung beanspruche, als die Gründe verdienen, die ich dafür angeführt habe.

Mainz im Januar 1867.

Inhalt.

I.

Idee und Form.

———

Zu einem richtigen Urtheil über alle Gebiete des menschlichen Wirkens und menschlicher Einrichtungen gehört vor
Allem eine klare Einsicht in das Verhältniß zwischen den
Ideen und den Formen ihrer Verwirklichung. Nur wo
beide und zwar in der rechten Weise verbunden sind, entwickelt sich Alles nach seiner wahren Bestimmung.

Die Ideen sind das Höchste im Menschen. In ihrer
Bildung und Erfassung offenbart sich jene höhere Seite
der Seele, nach welcher sie Gott zugewendet ist und von
ihm, der unerschaffenen Wahrheit, erleuchtet wird. Die
Ideen sind die Kraft, die den Menschen emporheben
und ihm das Streben nach einem Zustande hoher
geistiger Vollkommenheit und Glückseligkeit einflößen. Alles Große und Erhabene geht im Menschen von seinen

Jdeen aus. Und mag er auch noch so tief in's Jrdische, Materielle versinken, die ideale Kraft seiner Seele läßt ihn nicht ruhen in dieser Erniedrigung; sie erfaßt ihn immer wieder und treibt ihn nach oben. Ausgehend von dem dunkeln und allgemeinen Triebe nach Wahrheit, Tugend, Schönheit und Glückseligkeit, welcher der menschlichen Natur angeboren ist, gelangt der Geist durch richtige Bethätigung seiner Erkenntniß= und Denkkraft zu immer klareren und höheren Jdeen. Aber auch in seiner höchsten Entwickelung auf Erden, erlangt er seine volle Befriedigung nicht und strebt nach einer höheren Erkenntniß, einer höheren sittlichen Vollkommenheit, einer höheren Glückseligkeit, als sie ihm hier geboten wird. Und je höhere Weisheit und Tugend in einem Menschen lebt, desto sehnsüchtiger blickt er nach einem anderen Lande, wo die Jdeale seiner Seele besser als hier verwirklicht werden. Daher sind auch die Jdeen der Wahrheit, Güte, Gerechtigkeit, Schönheit und Seligkeit ein Unterpfand eines anderen ewigen Lebens, eines Lebens, wo die Seele jenes Maß der Wahrheit, Tugend und Glück= seligkeit findet, nach dem sie hier sich sehnt. Hier ist es auch, wo unserer Seele die übernatürliche Ordnung, das Christenthum entgegenkömmt, welches in seinen Lehren, Gnaden und Verheißungen die Jdeale unseres Geistes über all sein Ahnen und Begreifen hinaus erfüllt. Das sagt jenes tiefe Wort des heiligen Augustinus, daß unsere Seele keine volle Ruhe findet, bis sie in Gott ruhet. Nur in

dem unerschaffenen Lichte des ewigen Geistes findet das er=
schaffene Licht unseres Geistes seinen Frieden.

Jedoch auch auf Erden schon sollen wir die hohen
und ewigen Ideen unseres Geistes in dem irdischen Stoffe
verwirklichen; hiebei sind wir aber gebunden an diesen
Stoff und an die Gesetze, welche Gott in ihn gelegt
hat. Daher fordert jede Idee eine äußere Form, so zu
sagen einen Körper. Ohne diesen Körper, diese Form ist
sie gleichsam bestimmungslos, chaotisch und für uns nicht
vorhanden. Aber die Formen der Ideen sind nicht etwas
willkürliches, sondern sie sind an gottgegebene Gesetze ge=
bunden. Das gilt selbst für unsere Gedanken, welche nur
dann wahr sind, wenn sie an die Gesetze der Logik sich
binden, wie unser Wort, diese Verkörperung des Gedankens,
nur richtig ist, wenn es dem Gesetze der Sprache sich
unterwirft. Das gilt aber auch gerade so für alle jene
praktischen Ideen, die im politischen und socialen Leben der
Völker ihre Verwirklichung finden sollen. Ueberall muß
beides vereint sein wie Leib und Seele: wahre Ideen in
berechtigten und entsprechenden Formen.

Wo dieses Verhältniß nicht besteht, da ist Verderben.
Ideen ohne die rechte Form und ohne sich an die gottge=
gebenen Gesetze zu binden, verwandeln sich in verderbliche
Irrthümer; sie sind wie ein Strom ohne Bette, wie ein Feuer
ohne Schranken. Anstatt aufzubauen, zerstören sie. Das

1 *

ist die eine Nachtseite der Weltgeschichte, welche sie bis auf die Tage der französischen Revolution, bis auf unsere Tage uns vor Augen stellt.

Nicht minder verderblich, wenn auch zunächst weniger zerstörend, sind die Formen ohne Ideen: bloße Formen, denen die Ideen, durch die sie geschaffen wurden, entwichen sind; der Ausdruck, in welchem der schöpferische Gedanke nicht mehr vorhanden ist; der Körper, nachdem der Geist sich von ihm getrennt hat. Da ist der Tod mit seiner natürlichen Folge, der Verwesung. Diese fortbestehenden Formen ohne Ideen sind zugleich Lüge und Heuchelei. So war es auch immer auf Erden. Es ist das eine andere dunkele Seite der Menschengeschichte.

Alles wahre Gedeihen hängt also davon ab, daß wahre Ideen die Formen erfüllen, in denen das menschliche Leben sich bewegt, und daß diese Formen sich gestalten nach den wahren Gesetzen, die Gott in die Natur der Dinge gelegt hat.

In dieser Betrachtung haben wir nun auch das Gesetz für alle politischen und Rechtsverhältnisse ausgesprochen. Auch da liegt alles wahre Gedeihen in dem rechten Verhältniß zwischen der Idee und der Form ihrer Verwirklichung. Auch allen bürgerlichen und staatlichen Verhältnissen liegen Ideen zu Grunde, die sich in ihnen verwirklichen sollen; Ideen, die von Gott stammen, Ideen, deren Bewußtsein wir in der höchsten Fähigkeit unserer Seele tragen. Wenn aber diese Ideen sich verwirklichen wollen ohne ihre rechtmäßige Form, ohne Rücksicht auf die Geschichte, auf die Rechtsentwickelung, auf die Leitung und Lenkung der Vorsehung, auf den Willen und das Gebot Gottes, so werden sie zerstörende Ströme. Ebenso unheilvoll ist es aber auch, wenn die Rechtsformen, wenn die bürgerlichen und staatlichen Institutionen ihren wahren idealen Inhalt verloren haben und nun mit dem Anspruche fortbestehen, den sie nur so lange mit vollem Rechte erheben konnten, als sie die Verwirklichung einer von Gott stammenden Idee waren. Dann fängt das ganze Staatswesen an abzusterben, in Verwesung überzugehen; dann wird es falsch, lügenhaft, unwahr. Solche Formen ohne die schöpferischen Ideen, die sie ins Leben gerufen, waren vielfach die Staaten am Ende des vorigen Jahrhunderts geworden. Eine Form ohne Inhalt waren jene Monarchien, die von den erhabenen Ideen des Christenthums auferbaut waren, dann aber den Geist des Christenthums verlassen hatten, und das, was zur Ehre Gottes und zum Heile der Menschen geschaffen war, lediglich ihrem Interesse dienstbar machen wollten. Sie glichen einem großen Gottestempel, wo früher Altäre standen und der Gottesdienst geübt wurde, wo jetzt aber ein Fabrikherr sich niedergelassen hat und für sich und seine Webstühle die Verehrung in Anspruch nimmt, die man früher hier dem lebendigen Gott erwiesen hatte. Eine Form ohne Idee war auch vielfach unser altes heiliges römisches Reich geworden. Die Idee, die es ins Leben gerufen, war noch ba; aber viele Fürsten des Reichs hatten nicht minder als ihre Unterthanen diese Idee schon lange verloren. Was den höchsten Interessen der Menschheit gedient hatte, sollte vielfach nur dem Privatnutzen dienen. Eine Form ohne berechtigte Idee war mehr und weniger auch die Verfassung Deutschlands, wie man sie im Bundestage dem deutschen Volke gegeben hatte. Männer der bloßen Form sind jene sogenannten Conservativen, die lediglich bei der Form des Gesetzes stehen bleiben, ohne den Geist zu berücksichtigen, der sie ins Leben gerufen hat, und welche deßhalb für diese Rechtsformen selbst dann, wenn der Geist aus ihnen lange entwichen ist, ja wenn sie dem geraden Gegentheile dienen, noch alle jene Ansprüche der Heiligkeit, der göttlichen Sanktion des Rechtes erheben, welche dem wahren Rechte in vollem Maße gebührt. Diese Anschauung führt zu jenem hohlen, lügenhaften Legitimismus, der so unendlich viel Verderben über uns gebracht und der dem wahren Legitimismus und der wahren Achtung vor dem Rechte vielleicht mehr geschadet hat, als selbst der Geist der Revolution.

Es genügt also nicht, weder einseitige erhabene Ideen auszusprechen, noch ebenso einseitig mit irgend einer vorhandenen Rechtsform einen Cultus zu treiben unter dem Scheine, als ob vom Bestande dieser Rechtsform das ganze Heil abhängig wäre; es kömmt vielmehr darauf an, die Ideen mit den Formen in ihrer rechten Verbindung zu erfassen, um so den rechten Standpunkt für die Beurtheilung

auch der bürgerlichen und staatlichen Institutionen zu ge=
winnen. Es erhellt aber aus dem Gesagten zugleich, wie
gefährlich die Lage aller alten Staaten mit langer Ge=
schichte werden muß, wenn die großen Principien der Ge=
rechtigkeit, welche ihr öffentliches und Privatrecht geschaffen,
ihre Rechtsformen nicht mehr beleben, wenn ihr Recht
vielfach ein bloß formelles, ja wenn das formelle Recht
selbst ein Deckmantel materieller Ungerechtigkeit gewor=
den ist. Wie oft ist dies im Laufe der Weltgeschichte ge=
schehen; wie oft sind die Formen ein Mittel geworden, die
Ideen, die ihnen ursprünglich zu Grunde lagen, sogar zu
bekämpfen! Wir wissen zwar wohl, daß auch das bloß
formelle Recht für den Einzelnen verpflichtend bleibt, wir
wissen aber nicht minder, daß nichts die Staaten tiefer er=
schüttert, als wenn die ewigen Ideen der Gerechtigkeit mit
den bestehenden Formen der Gerechtigkeit in Kampf ge=
rathen.

II.

Die Thaten der Menschen und die Vorsehung.

————

Bei allen menschlichen Handlungen wirken immer zwei Kräfte bewegend oder hemmend zusammen: der freie Wille des Menschen und die göttliche Vorsehung, welche die menschlichen Handlungen theils anregt und leitet, theils nur zuläßt, theils aufhält und hindert. Die menschlichen Handlungen, die mit dem göttlichen Willen übereinstimmen, regt Gott an und leitet sie; jene aber, die seinem göttlichen Willen widersprechen, läßt er entweder zu oder er verhindert sie. Er läßt sie zu, insoweit es nöthig ist, damit die Freiheit des Menschen eine Wahrheit sei, oder insoweit das Böse zur Vollstreckung seiner Gerichte und zur Förderung seiner Menschen= und Weltleitung dienen kann; er verhindert sie, wenn sie seiner letzten und höchsten Absicht in der göttlichen Weltleitung im Wege stehen würden. So straft Gott oft das Böse durch das Böse, oder er läßt durch dasselbe Hindernisse entfernen, welche sich dem Guten entgegenstellen.

Daraus ergeben sich zwei überaus wichtige Grundsätze, die wir ohne Unterlaß vor Augen haben müssen, um sowohl unser eigenes Leben mit den täglichen Vorkommnissen desselben, als auch die großen Weltereignisse richtig zu beurtheilen.

Erstens: Es gibt auf Erden keine menschliche That, die absolut und in jeder Beziehung verderblich wäre; denn mag sie auch an sich für den Menschen, der sie vollbringt, durchaus böse sein, sowohl ihrem Beweggrunde, als dem Ziele und den Mitteln nach, durch welche sie vollbracht wird, so hat sie doch ihrer göttlichen Zulassung nach und unter der Leitung der Vorsehung irgend etwas Gutes zur Folge. Im Privatleben wird so oft der Fehler des Einen für den Andern eine Uebung der höchsten christlichen Tugenden, die in der Prüfung ihre Vollendung finden; im öffentlichen Leben wird ein großes Unglück oft die Quelle der größten Segnungen. Ein Nabuchodonosor wird in der Hand Gottes ein Werkzeug, um das Volk Israel vom Götzendienste zu befreien; und die wilden Häuptlinge der germanischen Völker werden wunderbare Werkzeuge der göttlichen Vorsehung. Auf dem Boden, den sie zertreten, säet Gott den Samen, aus dem die Völker hervorsprossen, die später die Träger des Christenthums werden. Hat ja doch Gott selbst das Verbrechen der Juden am Sohne Gottes der ganzen Welt zur Erlösung werden lassen. Das ist so die Weise der ewigen Liebe, die das, was sie nicht hindern kann, ohne im Menschen sein höchstes Gut, seine Gottebenbild=lichkeit, seine Freiheit zu vernichten, zu Werkzeugen ihrer Erbarmung umgestaltet.

Zweitens: So wahr aber dieses ist, so berechtigt uns dennoch diese Wahrheit nicht, das Gute bös, das Böse gut zu nennen; die ungerechten Thaten der Menschen deß=halb für gerecht zu erklären, weil die göttliche Vorsehung sie zum Guten wendet. Das Böse nicht mehr bös nennen, weil es auch gute Folgen hat, ist eine Fälschung der Wahr=heit, eine Beeinträchtigung der Sittlichkeit, ein Untergraben wahrer Grundsätze. Wer so urtheilt, verfällt unaufhaltsam dem Nützlichkeitsprincip, jener Maxime der Lüge, die zu den größten Selbsttäuschungen führt, dem Menschen jenes einfache Auge für die Wahrheit raubt und ihn zuletzt dahin bringt, auch das Allerschlechteste noch zu rechtfertigen. Es zerstört die persönliche Verantwortlichkeit, die Ehrlichkeit und Gerechtigkeit; es untergräbt das Gewissen des Menschen und macht ihn endlich vollkommen gewissenlos, da er sich immer mehr daran gewöhnt, Alles nach jenem vermeint=lichen Nutzen und nicht nach Wahrheit und Gerechtigkeit zu beurtheilen.

Wir werden in den folgenden Erörterungen vielfach Gelegenheit haben, diese leitenden Grundsätze praktisch an=

zuwenden; sie werden uns vor den beiden Klippen bewah=
ren, daß wir einestheils die ewig wahren Grundsätze nicht
dem momentanen Erfolge, nicht dem Glanze vollbrachter
Thatsachen, nicht schönen Redensarten opfern, und daß wir
anderntheils die Keime des Guten, einer wohlthätigen Ge=
staltung, den Finger Gottes auch in solchen Ereignissen nicht
verkennen, die wir an sich tadeln müssen; daß wir nicht
mürrisch, wehklagend und träge den Zeitereignissen gegen=
überstehen. Mag eine Zulassung Gottes noch so schmerzlich
sein; sie ist in seiner Absicht heilsam und sie wird für
uns um so heilsamer werden, je mehr wir die Absicht Got=
tes in dieser Zulassung erkennen und benützen. Das gilt
auch von den letzten Zeitereignissen, das wird gelten von
den kommenden; sie werden uns vielleicht noch größere
Schmerzen bringen, aber diese Schmerzen sollen zum Heile
werden. Mit dieser freudigen Zuversicht sollen wir Christen
allen Neugestaltungen in der Welt muthig entgegengehen;
dadurch werden wir vor jenem Pessimismus bewahrt, vor
jener traurigen und jede gute Thatkraft lähmenden Welt=
anschauung, die immer glaubt, es sei mit der Welt zu
Ende, wenn Gott sie nicht nach unsern kurzsichtigen, mensch=
lichen Ansichten leitet. Die größten Weltereignisse, welche
für die Entwicklung des ganzen Menschengeschlechts die segens=
reichsten Folgen hatten, erschienen oft den Zeitgenossen, selbst
den besten unter ihnen, als trostlos und verderbenbringend.
Das müssen wir stets vor Augen haben, daß Gottes Vor=

sehung die Welt leitet, und daß seine Gedanken hoch über
unseren Gedanken liegen. Wir wollen daher unser christ=
liches Urtheil nicht verfälschen lassen; wir wollen an jede
Handlung, des Fürsten wie des Bettlers, als Maßstab
das Gesetz Gottes anlegen; wir wollen das Böse bös
nennen, wenn es auch die besten Erfolge hat; wir
wollen aber mit grenzenloser Zuversicht auf die Vorsehung,
auf die unendlich barmherzige Weltleitung Gottes hinblicken
und, wenn vieles geschieht, was wir beklagen müssen,
mit allem Vertrauen denken, daß es Gott zum Besten
und zum Heile der Menschen gestalten kann, und daß es
unsere Pflicht ist, dazu mitzuwirken, soviel wir vermögen.

Nachdem wir diese allgemeinen Grundsätze ausgesprochen
haben, gehen wir nun dazu über, die letzten Ereignisse und
die Lage zu betrachten, in die wir durch dieselben versetzt
sind. Fassen wir zuerst den unseligen Bruderkrieg selbst
und seine Ursachen ins Auge.

III.

Die Elbeherzogthümer.

––––––

Der erste Grund oder richtiger die nächste Veranlassung des jüngsten Krieges war der Streit über die Elbeherzog= thümer. Welche tiefere Gründe eigentlich eine Verständigung Oesterreichs und Preußens über diese Frage verhindert haben, ist der Oeffentlichkeit verborgen geblieben; das ist nur jenen bekannt, die in den geheimen Kampf der Diplo= matie eingeweiht sind, wo so viele Gründe maßgebend einwirken, die wir nicht erfahren. Jedenfalls hat Oester= reich nicht im ganzen Verlaufe der Verhandlung die Aus= tragung dieser Angelegenheit vor dem Bunde und die Anerkennung der Rechte des Herzogs von Augustenburg als unerläßliche Bedingung einer Verständigung geltend gemacht. Es scheint vielmehr, daß Oesterreich für die Verstärkung Preußens durch Ueberlassung der Herzogthümer an dasselbe eine Compensation irgend welcher Art im Auge hatte und daß es erst dann darauf verzichtete, auf diesem Wege diese Streitfrage zu erledigen, als es die Erlangung derselben für unmöglich hielt. In diesem Falle hat Oesterreich nicht eigentlich zur Vertheidigung eines begründeten Rechtsanspruches in der Person des Herzogs von Augustenburg, auch nicht zunächst in Anerkennung des Bundesrechtes, sondern hauptsächlich seiner eigenen Macht= stellung wegen den letzten Weg, der zum Bruche führte, eingeschlagen. Wir bemerken dieses nicht als Tadel, son= dern um den Sachverhalt richtig hinzustellen; inwieweit hierbei Preußen, das sich selbst im Norden verstärken wollte, billigen Ansprüchen Oesterreichs entgegen war, können wir nicht beurtheilen.

Selbst wenn aber eine solche Unbilligkeit auf Seiten Preußens vorlag, können wir doch auch das Verhalten Oester= reichs in dieser Frage nicht durchaus billigen und müssen es vielmehr beklagen, daß eine solche Sache der ostensible Vorwand eines solchen beklagenswerthen Krieges zwischen Oesterreich und Preußen geworden ist.

Wir verkennen nicht, daß das formelle Recht in der Angelegenheit der Elbeherzogthümer auf Seite Oesterreichs lag. Noch vor zwei Jahren hatte Preußen selbst erklärt, „der Erbprinz von Augustenburg habe in den Augen Deutschlands die besten Erbfolgerechte, seine Anerkennung durch den Bund sei gewiß." Kurz vorher hatte der König von Preußen dem

Abgeordnetenhause in feierlicher Weise die Verheißung ge=
geben, die Successionsfrage werde durch den deutschen
Bund geprüft werden unter seiner Mitwirkung. Klarer
und deutlicher kann eine Sachlage nicht gedacht werden.
Der König selbst verspricht den Ständen seines Landes,
daß die Successionsfrage von dem deutschen Bunde geprüft
werden solle; er läßt in London durch seinen Gesandten
erklären, daß der Erbprinz von Augustenburg die besten
Erbfolgerechte habe und seine Anerkennung durch den Bund
gewiß sei. So klar beide Verheißungen sind, ebenso
unbestreitbar ist es, daß das Versprechen, die Angelegenheit
durch den deutschen Bund zur Entscheidung zu bringen,
mit dem Bundesrechte durchaus übereinstimmte. Und den=
noch ist zwei Jahre später lediglich und allein die Forderung
Oesterreichs, den einen Theil dieser Verheißung zu erfüllen,
nämlich den streitigen Gegenstand vor dem Bunde zu verhan=
deln, für Preußen zu einem casus belli geworden. Was der
König von Preußen im Dezember 1863 seinen Ständen ver=
heißen hat, das hat Oesterreich am 1. Juni 1866 gefordert
und lediglich die Forderung dessen, was der König versprochen
hatte, wird jetzt Veranlassung eines blutigen Bruderkrieges.
Das ist die überaus merkwürdige Sachlage, wie sie in dieser
Art gewiß in der Weltgeschichte ihres Gleichen nicht hat.
Das formelle Recht war dabei evident auf Seite Oesterreichs.

Auf der anderen Seite war dieser Weg dennoch für
Preußen inzwischen fast zur Unmöglichkeit geworden. Nach

der Art, wie es die Elbeherzogthümer=Frage in den zwei letz=
ten Jahren behandelt hatte, konnte Preußen wegen seiner
inneren Lage kaum mehr auf diesen Weg eingehen, so sehr
es dadurch auch mit seinen eigenen Worten und mit dem
Bundesrechte in Widerspruch kam, ohne die Regierung den
größten inneren Erschütterungen auszusetzen. Die Ent=
scheidung am Bunde stand fest; sie würde fast einstimmig
für den Herzog von Augustenburg ausgefallen sein. Die=
selbe Partei, welche in der Majorität der preußischen Kam=
mer mit der Regierung des Königs seit Jahren im erbit=
tertsten Conflicte sich befand, hatte zur selben Zeit als
deutsche Fortschrittspartei in ganz Deutschland mit dem
Rechte des Herzogs von Augustenburg die colossalste Agi=
tation betrieben. Es lag ihr dabei so wenig am Erbrechte
des Herzogs von Augustenburg, wie an der Person des=
selben, da diese Partei an nichts weniger denkt, als an
Anerkennung fürstlicher Erbrechte. Der Herzog von Augusten=
burg war vielmehr lediglich ein Vorwand. Es war aber
dieser Partei allerdings gelungen, in einem großen Theile
Deutschlands jene Stimmung eines verfälschten Enthusias=
mus hervorzurufen, die selbst ein gutes Volk verblenden
und zu blinden Werkzeugen von Parteiführern machen
kann. Wer dieses Treiben der Fortschrittspartei mehrere
Jahre hindurch erlebt hat und dagegen das Verhalten der=
selben Partei in diesem Augenblicke betrachtet, wo diese
Frage in der gerade entgegengesetzten Richtung gelöst ist,

muß über die Charakterlosigkeit solcher Menschen, die sich zu Volksführern aufwerfen, wahrhaft erstaunen. Jetzt liegt diese Partei vorläufig der siegreichen Macht zu Füßen, worüber wir uns auch nicht im Mindesten wundern. Wenn aber vor Ausbruch des Krieges die Schleswig-Holsteinische Frage an den Bund gebracht worden wäre, wenn dann der Bund sich für das Erbrecht des Augustenburgers ausge- sprochen, wenn unter dem Jubel der Fortschritts- partei in ganz Deutschland der Augustenburger die Hul- bigung des Landes empfangen hätte: dann wäre die ganze Sachlage zermalmend auf das königliche Regiment in Preußen zurückgefallen. Nicht der Herzog von Augusten- burg hätte dann gesiegt, sondern die Fortschrittspartei in und außer Preußen hätte mit ihren Plänen, am Schleppthau führend die vielen schwachen Regierungen, die wir in Deutschland haben, einen Triumphzug durch Deutschland gehalten. Es ist kaum zu denken, wie in diesem Falle die preußischen Minister als Diener ihres Königs vor einer solchen Majorität der preußischen Kammer hätten bestehen können. Ueber den inneren Conflict in Preußen selbst sprechen wir uns hier noch nicht aus; wir constatiren nur die Thatsache, daß, wie die Sachen sich gestaltet hatten, die Regierung sich einem Bundesurtheil nicht mehr unterwerfen konnte, dessen Resultat sie vorhersah, ohne sich selbst aufzugeben, obgleich sie dadurch mit ihren eigenen Worten in den unerhörtesten Conflict kam.

Diese Lage Preußens konnte Oesterreich aber berücksichtigen, da es nicht durch offenbare Rechte Anderer gebunden war. Wenn der Herzog von Augustenburg ein unbestreitbares Erbrecht gehabt hätte, so wäre es um so mehr Pflicht Oesterreichs gewesen, ohne Rücksicht auf die inneren Verhältnisse Preußens für dasselbe einzutreten und es nicht einer Nützlichkeitsdiplomatie unterzuordnen, als Oesterreich die besondere Aufgabe und das Bestreben hat, überall das Recht zu vertreten. Es hätte dann nur dadurch gefehlt, den Antrag an den Bund nicht früher gestellt zu haben. Ein solches offenbares Recht des Herzogs von Augustenburg lag aber nicht vor, und durch den Verkauf der Erbrechte seines Hauses, dem er wenigstens stillschweigend zugestimmt hatte, war er selbst, wenn auch ein Schein eines formellen Rechtes übrig blieb, desselben unwürdig geworden. Oesterreich konnte deßhalb ohne Rechtsverletzung Preußen eine Concession machen, wodurch die nächste Ursache dieses unseligen Bruderkrieges abgewendet und zugleich die Elbeherzogthümerfrage in einer dem allgemeinen deutschen Interesse entsprechenden Weise geregelt worden wäre.

Wir bedauern, daß dies nicht geschehen ist und daß dadurch Oesterreich einigermaßen Mitschuld am Ausbruch des Krieges trägt. Oesterreich war ohne Zweifel nicht nur berechtigt, sondern sich selbst und ganz Deutschland verpflichtet, dem Streben Preußens, es aus Deutschland zu verdrängen, mit Waffengewalt, ja mit seiner ganzen Macht entgegen zu treten. Wenn aber dies der eigentliche Grund des Krieges für Oesterreich gewesen ist, so hatte es um so viel mehr Ursache, den Schein zu vermeiden, daß die Schleswig-Holsteinische Angelegenheit die Veranlassung desselben sei, und lag es um so vielmehr in seinem Interesse, die eigentliche wahre Ursache des fürchterlichen Bruderkrieges offen und klar der Welt und namentlich Deutschland gegenüber zu verkünden und dadurch jede Schuld an diesem Blutvergießen von sich abzuwenden. Dadurch, daß dies nicht geschehen, bleibt wenigstens ein Schein einer Mitschuld auch auf Seite Oesterreichs [1]).

---

1) Durch die inzwischen erfolgte Veröffentlichung des italienischen Grünbuches ist der entscheidende Grund des Krieges für Oesterreich nicht mehr zweifelhaft. In dem Schreiben des Generals La Marmora an den Gesandten in Berlin vom 3. April sind mit Bezug auf die Sendung des Generals Govone die Grundzüge des Bündnisses zwischen Italien und Preußen: für Preußen Durchführung der deutschen Bundesverfassung nach dessen Vorschlägen, also mit Ausschluß Oesterreichs, für Italien Eroberung aller österreichisch-italienischen Gebiete. Beides soll durch Waffengewalt erzwungen werden. Wir sehen jetzt, welchen Werth alle diese Klagen in jenen Monaten über die Rüstungen Oesterreichs hatten; wir sehen, was es bedeutete, wenn man zur selben Zeit Oesterreich zumuthete zu entwaffnen, wo man dieses Bündniß gegen Oesterreich schloß. Unter diesen Verhältnissen war Oesterreich zum Kriege gezwungen; um so mehr bedauern wir aber, daß Oesterreich nicht den wahren Grund des Krieges offen ausgesprochen hat.

IV.

Der innere Verfassungsconflict in Preußen.

————

Der zweite Grund des Krieges, wohl der Hauptgrund desselben, war der innere Verfassungsconflict. Der Besitz der Herzogthümer und der Sieg bei Königgrätz waren vielleicht die einzigen Mittel, um den Indemnitätsbeschluß der letzten Tage zu erwirken. Der innere Conflict allein erklärt uns die sonst ganz unbegreifliche Thatsache, daß wir einen König, der seiner ganzen Lebensrichtung nach sich im tiefsten innern Gegensatz zur Revolution befindet, der in seiner Jugend ein inniger Freund des Kaisers Nicolaus gewesen ist, daß wir eine große, intelligente und wahrlich nicht gesinnungslose conservative Partei in Preußen in diesen Tagen in Alliance mit der Revolution auf den Schlachtfeldern und getragen von den Principien der Re=volution in den diplomatischen Verhandlungen gesehen haben.

Vor einigen Wochen berichteten uns die öffentlichen
Blätter ein merkwürdiges Gespräch zwischen dem Grafen
Bismarck und einem früheren hannöverschen Minister. Als
dieser dem Grafen Bismarck jene Alliance vorwarf und ihn
zugleich daran erinnerte, daß Preußen durch dieselbe alle
rechtmäßigen Gewalten untergraben habe, suchte Letzterer
die preußische Regierung dadurch zu rechtfertigen, daß sie
sich ihren Gegnern gegenüber in einer Nothwehr befunden
habe und daß deßhalb Preußen in der Lage gewesen wäre,
im Kampfe um seine Existenz überall dort Hilfe zu nehmen,
wo sie gefunden werden konnte. In der nächsten Beziehung sind diese Worte unrichtig. Kein deutscher oder
außerdeutscher Staat, am wenigsten alle jene Staaten, die
von den Kriegsereignissen betroffen wurden, dachten daran,
Preußen in der Stellung zu beeinträchtigen, die es sowohl
im deutschen Bunde, als auch nach Außen hin als selbst-
ständige Macht eingenommen hatte. Keine Thatsache ist
evidenter als diese. Preußens Machtstellung in Deutschland und nach Außen hatte sich vielmehr in den letzten
dreißig Jahren wesentlich vergrößert. Wohl konnten die
andern Staaten an eine Bedrohung ihrer Existenz durch
Preußen denken, aber umgekehrt von einer Bedrohung Preußens zu reden, war in dieser Hinsicht ein offenbarer Widerspruch gegen alle vorliegenden Thatsachen. Nur in einem,
aber freilich sehr unberechtigten Sinne hat man diese Behauptung öfter geltend gemacht, indem man nämlich bei

derselben nicht an die wirkliche Machtstellung Preußens
dachte, sondern an irgend eine erträumte Weltstellung Preu=
ßens für die Zukunft und Alles, was sich dieser Zukunfts=
stellung Preußens nicht fügen wollte, dann eine Bedrohung
der Existenz Preußens nannte. Abgesehen aber von dieser
Illusion hatte Preußen in Deutschland, vielleicht in der
ganzen Welt keinen Gegner, der seine wirkliche Machtstel=
lung bedrohte. Dagegen haben die Worte Bismarck's
einen vollkommen wahren Sinn in Bezug auf die inneren
Conflicte Preußens. Preußen befand sich vor dem Kriege
in einer innern Lage, die auf die Dauer gar nicht fortbe=
stehen konnte, und bei welcher das preußische Königthum in
Gefahr war. Hätte der Verfassungsstreit lediglich durch
eine innere Entwickelung ausgetragen werden sollen, so
mußte entweder der König zu der gefährlichen Opera=
tion übergehen, die Verfassung aufzuheben und auf ein
rein monarchisches Regiment zurückzugreifen, oder er mußte
sich der Kammermajorität unterwerfen, was einem Ter=
rorismus der Kammermajorität und einem Untergang
des monarchischen Principes gleich geachtet wurde. In
dieser Hinsicht konnte also Bismarck allerdings an einen
Kampf um die Existenz denken, und vielleicht lag seiner
Aeußerung gegen den hannöverschen Minister auch dieser
Sinn tief in seinem Herzen verborgen zu Grunde. Nur
eine glänzende äußere Politik konnte Preußen über seine
innern Schwierigkeiten hinweghelfen und der Versuch zu

dieser glänzenden äußern Politik mußte also gewagt werden. Nicht Oesterreich, das schon an sich, seiner Natur nach weit von aller Aggressiv-Politik entfernt ist und überdies sei= ner ganzen inneren und äußeren Lage wegen über Alles nach Frieden sich sehnte; nicht die schwachen Kleinstaaten Deutschlands bedrohten die Existenz Preußens, sondern der innere Kampf der Parteien bedrohte die preußische Monar= chie und deßhalb griff man zur äußern Politik und zu allen Bundesgenossen, die in derselben Hilfe bringen konnten.

Hier müssen wir aber auf eine bedenkliche Erscheinung aufmerksam machen, die nicht nur in Preußen, sondern in allen Staaten mit ähnlichen Verfassungsverhältnissen in der Gegenwart auftritt und uns deßhalb auch auf einen gemeinschaftlichen innern Grund in diesen Verfassungszu= ständen hinführt: daß nämlich die Regierungen nur durch eine glänzende äußere Politik, nur durch Siege und Ruhm die innern Schäden, an denen sie leiden, die Krankheiten ihrer innern Zustände zudecken können. Et= was ganz Aehnliches ist in Frankreich der Fall. Die Orleans wollten Frankreich beruhigen durch eine innere Politik, durch eine innere Entwickelung der Principien, die in dem Mechanismus des Constitutionalismus liegen. Statt Ruhe war aber der äußerste Gegensatz innerer Kämpfe daraus entstanden, der endlich wieder, wie schon so oft, zur Revolution führte. Napoleon hat diesen innern Kampf nicht innerlich geheilt. Es liegen zu demselben noch

alle Elemente vor und er kann unter veränderten Verhält=
nissen in jedem Augenblicke wieder ausbrechen. Er hat es
nur verstanden, den innern Kampf mit starker Hand
niederzuhalten und ein Mittel dazu war ihm vor Allem
die äußere Politik, ein Ablenken der Augen Frank=
reichs von Innen nach Außen, ein Blenden dieser französi=
schen Augen durch jenes Licht, das sie stets blendet, durch
Frankreichs Ruhm. Deßhalb kann aber auch Napoleon
jeden Augenblick in die Lage kommen, zu handeln, wie Bis=
marck dem hannöverschen Minister gesagt hat, und wenn
seine innere Existenz es erfordert, so werden auch ihm alle
Alliirten in der Welt genehm sein, um durch äußere Erfolge
den innern Brand zu löschen.

Wir dürfen daher bei Beurtheilung des innern Ver=
fassungsconflictes in Preußen nicht bei der nächsten Veran=
lassung in der neuen Heeresorganisation stehen bleiben. Sie
liegt viel tiefer. Wenn wir die Anstrengungen beider Parteien
sahen, ihr Verfahren durch die Verfassungsbestimmungen zu
rechtfertigen, so erweckte das in uns immer das Gefühl eines
vergeblichen und unmöglichen Bemühens. Nicht dadurch ist die=
ser Conflict entstanden, daß eine der beiden Parteien einen Pa=
ragraphen der Verfassung unrichtig deutete, sondern dadurch,
daß im Wesen des modernen Constitutionalismus [1]) Wider=

---

1) Man hat sich in der neueren Zeit gewöhnt, den Begriff einer
„freien volksthümlichen Verfassung" mit dem modernen Constitu=

sprüche liegen, die mit derselben Nothwendigkeit immer wieder auf einander platzen müffen wie zwei Dampfmaschinen, die auf demselben Geleise gegeneinander getrieben werden. In Eng= land zeigen sich diese Folgen des Constitutionalismus noch nicht in dem Umfange, weil hier die große politische Irr= lehre von der Allgewalt des Staates noch nicht so um sich gegriffen hat, weil man dort die Freiheit noch vor Allem unter dem Gesichtspunkt der persönlichen Freiheit auffaßt. In den übrigen europäischen Staaten dagegen müffen diese inneren Conflicte um so mehr permanent werden, je reiner sich der Constitutionalismus nach seinen Principien entwickelt und je allgemeiner die Richtung wird, den Staat zu einer Experimentiranstalt für neue Systeme zu machen. Nach der Fiction des Constitutionalismus ruht diese abso= lute Staatsgewalt in der Hand von drei Factoren, die sich coordinirt sind. Schon diese Vorstellung ist lauter Maschine und lauter Mechanik, die der Wirklichkeit nicht entspricht. Es ist zwischen dem wirklichen, lebendigen und dem fictiven gemachten Staate des modernen Doc= trinarismus kein geringerer Unterschied, als zwischen einem lebendigen Menschen und einem Automaten, und zu wähnen, man könne den wirklichen Staat durch die künst= lichen Mittel und Gesetze des modernen Constitutionalismus

tionalismus zu identificiren. Nichts kann unrichtiger sein. Wenn wir gegen diesen Constitutionalismus uns aussprechen, so geschieht es fast noch mehr im Interesse der Freiheit, als in dem der Autorität.

gründen und erhalten, ist keine mindere Täuschung, als
wenn man den lebendigen Organismus des Menschen nach
den Gesetzen und durch die Mittel der Mechanik behandeln
wollte. Die Maschinerie des Constitutionalismus bewegt
sich so lange ohne Störung, bis eine Meinungsverschieden=
heit zwischen diesem Triumvirat ausbricht. In einem sol=
chen Falle tritt die Bedeutung des einen Factors mehr
zurück, während die beiden Andern, von denen der Eine das
monarchische Princip vertritt, der Andere, freilich auch durch
große Illusionen, das Volk vertreten soll, sich dann ohne
Vermittelung gegenüber stehen. Dieser Kampf zwischen der
Autorität der Regierung und zwischen der Majorität einer
Kammer liegt im Wesen des doctrinären Constitutionalismus.
Daher auch überall absolut dieselben Erscheinungen, ein
immer wiederkehrender Kreislauf, und zwar nicht in langen
Perioden, sondern in ganz wenig Jahren, wo immer dieser
Constitutionalismus sich in seinem eigenen Wesen zeigen
kann. Zuerst eine kurze Zeit des Friedens, dann ein Kampf
zwischen Regierung und Majorität, die nicht das Volk, son=
dern nur eine Partei, oft nur eine kleine Partei ist; dann
die Periode einer „neuen Aera", d. h. jener Moment, wo
die Regierung der Majorität weicht und mit namen=
loser Kurzsichtigkeit meint, die Huldigungen, die sie em=
pfängt, wären Zeichen ihrer Stärke; dann nach ganz
kurzer Zeit der Moment, wo die Regierung einsieht, daß
sie das Regiment der Majorität abtreten muß, wenn sie

noch fortexistiren will, und eine Krisis, für die es im innern Verfassungsleben, in den innern Principien des Constitutionalismus keine Lösung gibt, und wo entweder ein Napoleon kömmt, um die innere Revolution nieder= zuhalten, oder ein Bismarck, um durch Schleswig=Holstein und Königgrätz auf kurze Zeit allen Widerspruch zu un= terbrücken. Der moderne Constitutionalismus ist, so wie er nach den Doctrinen des sog. modernen Staates aufge= faßt wird, ein System voll innerer Widersprüche und es ist eine unselige Illusion zu glauben, diese Widersprüche ließen sich heben durch Interpretation des Buchstabens der Ver= fassung. Es trifft daher auch keinen einzelnen Menschen die ganze Verantwortung für diese Conflicte. In einem Sinne hatte die Kammermajorität Recht. Sie stand am Meisten auf dem Boden des modernen Staates, obwohl die Conse= quenz desselben in der Herrschaft der Parteimajorität für Preußen ein unermeßliches Unglück gewesen wäre. Auf der andern Seite lag die Berechtigung Bismarck's darin, daß er die Autorität und das monarchische Princip vertrat, und er hat dies mit beispiellosem Muthe und Geschicke gethan und dadurch, wenigstens vor der Hand, von Preußen das Un= heil dieser Majoritätswirthschaft der Kammer abgewendet, wenn auch die erste Veranlassung dieses Streites unberech= tigt war, denn nur vom Standpunkte des absoluten, schrankenlosen monarchischen Princips kann man dem Mo= narchen das Recht zusprechen, solche Anforderungen an sein

Volk zu stellen, wie sie in Folge der neuen preußischen Militär-Organisation an Menschen und Geld gestellt wur= den. Wir beklagen es daher, daß ein an sich vielfach be= rechtigter Kampf des monarchischen Principes gegen die Parteiherrschaft nicht auch eine durchaus berechtigte Ver= anlassung gehabt hat. Dieser innere Conflict scheint uns also die wahre Ursache des Krieges gewesen zu sein, während er selbst ein Symptom jener Krankheit war, an welcher das ganze europäische moderne Staatswesen durch seine falschen Staatsdoctrinen darnieder liegt.

V.

Der sogenannte „Beruf Preußens."

————

Wenn aber auch die innere Lage Preußens wohl die Hauptursache des Krieges war, welche namentlich auf die maßgebenden Kreise bestimmend einwirkte, so wirkte doch noch ein drittes Element mächtig mit, nämlich alle jene Richtungen in und außer Preußen, die wir der Kürze wegen Borussianismus nennen wollen. Es hat den Krieg mit Oesterreich von lange her vorbereitet und hat ihn allein möglich gemacht. Die inneren Zerwürfnisse lähmten die Macht Preußens, der Geist des Borussianismus, der sich des Krieges bemächtigte, hob diese innere Schwäche auf und gab zum Kriege die nöthige Actionskraft.

Wir müssen zunächst den Begriff dessen, was wir Borussianismus nennen, näher ins Auge fassen. Es wäre weit gefehlt, ihn für identisch zu nehmen mit dem Geist

der preußischen Könige oder mit der Gesinnung aller jener
Männer, die auf die Geschicke Preußens einen maßgebenden
Einfluß geübt haben. Der Vater des jetzigen Königs, der
auf dem Todesbette seinen Kindern vor Allem eine innige
Verbindung mit Oesterreich anempfohlen hat, nachdem er
in den furchtbarsten Weltereignissen die Wichtigkeit dieses
Bündnisses für Deutschland und Preußen kennen gelernt hatte;
der Bruder und Vorgänger desselben, der die deutsche Kaiser=
krone ablehnte, weil er sie nicht von der Hand des Un=
rechtes annehmen, weil er sich nicht auf Kosten Oesterreichs
erheben wollte, waren gewiß weit von jenem Geiste ent=
fernt. Wir glauben, daß selbst der jetzige König, wenn
auch von ihm beeinflußt, doch in seiner tieferen Gesinnung
ihm ferne steht. Vielen der besten und edelsten preußischen
Staatsmänner, der treuesten Diener ihrer Könige, war diese
Denkweise gänzlich fremd. Selbst Friedrich der Große, obwohl
seine Tendenz mit dem Borussianismus in ursachlicher Ver=
bindung steht, war doch nicht im vollen Sinne das, was
wir mit dem Namen Borussianismus bezeichnen. Dieser ist
vielmehr ein System, das sich erst nach und nach ausge=
bildet und allmälig zu seiner vollen Klarheit entwickelt
hat. Er ist mehr aus der Schule, als aus dem practischen
Leben hervorgegangen und hat eigentlich den Höhepunkt
seiner Entwickelung erst in unseren Tagen gefunden.

Unter Borussianismus verstehen wir nämlich eine fixe
Idee über den Beruf Preußens, eine unklare Vorstellung

einer Preußen gestellten Weltaufgabe, verbunden mit der
Ueberzeugung, daß dieser Beruf und diese Aufgabe eine ab=
solut nothwendige sei, die sich mit derselben Nothwendigkeit
erfüllen müsse, wie der losgelöste Fels herabrollt, und daß
es daher unstatthaft sei, diesem Weltberufe sich im Namen
des Rechtes oder der Geschichte entgegenzustellen. Bei den
Anhängern des Borussianismus steht dieser Beruf Preußens
obenan, höher als alle Rechte und Alles, was sich ihm
entgegenstellt, ist deßhalb Unrecht. Er vollzieht sich mit
absoluter innerer Nothwendigkeit. Der Inhalt dieses Be=
rufes Preußens ist nach der Stellung der Anhänger die=
ser Richtung sehr verschieden. Ist der Mann dieser Rich=
tung ein begeisterter Diener seines Königs, so denkt er
dabei an die Oberherrschaft eines absoluten preußischen
Königthums; ist er Soldat, an einen preußischen Militär=
staat mit seinem Kriegsherrn; ist er Büreaukrat, an eine
Glorificirung des preußischen Büreaukratismus; ist er Pre=
biger, an die Verbreitung des Protestantismus unter Führung
des preußischen Königthums; ist er endlich ein Fortschrittsmann,
an den Sieg seiner Partei unter der preußischen Spitze, wo
dann die königliche Spitze natürlich nur so lange benutzt werden
soll, als sie ein Mittel für die Parteizwecke ist; sie alle aber,
so verschieden im übrigen ihre Ansichten sind, machen dar=
aus eine fixe Idee, einen Beruf Preußens, der sich erfüllen
müsse und mehr als alles andere berechtigt sei, sich zu
erfüllen. Der Borussianismus ist daher Doctrinarismus

im höchsten Grade; er ist ein abstractes System; er ist deßhalb auch im eigentlichsten Sinne ein willkürliches Phantasiegebilde. Seinen dankbarsten Boden hat er dieser seiner Natur nach auch bei den Professoren und in den Logen.

Um aber dem Verdachte zu entgehen, als ob ich bei Schilderung dieses Borussianismus selbst einer fixen Idee und einem trügerischen Phantasiebilde verfallen wäre, will ich über dessen Wesen einige Anhänger desselben selbst reden lassen. Der bekannte J. G. Droysen sagt über die Aufgabe Preußens: „Die vierhundertjährige Ge= schichte dieses Staates zeigt eine Stätigkeit des Wachsens, eine Bestimmtheit der Richtungen, einen geschichtlichen Charakter, wie immer nur die lebensvollsten staatlichen Bildungen haben; Vorzüge, die in dem Glück und Geschick ausgezeichneter Regenten mehr ihren Ausdruck als ihre Erklärung finden. Was diesen Staat gegründet hat, was ihn trägt und leitet, ist, wenn ich so sagen darf, eine geschichtliche Nothwendigkeit." Dieses letzte Wort, das Herr Droysen ausspricht, obwohl er selbst zweifelt, ob er so sagen darf, ist der eigentliche Kern seines Gedankens. Welcher doctrinäre Schwindel liegt doch in einer solchen Auffassung, wenn man beliebige Thatsachen in der Geschichte, die dem subjectiven Systeme zusagen, „geschichtliche Noth= wendigkeiten" nennt. Da hört natürlich jeder rechtliche und jeder sittliche Maßstab bei Beurtheilung der Thatsachen

gänzlich auf; alles wird geschichtlich nothwendig und beßs=
wegen auch rechtlich und sittlich. Die Folgen dieser An=
schauungen zeigen sich gleich weiter in den nächsten Sätzen.
Herr Droysen fährt nämlich fort: „Preußen umfaßt nur
Bruchtheile deutschen Landes und Volkes. Aber zum Wesen
und Bestand dieses Staates gehört jener Beruf für das
Ganze, dessen er fort und fort weitere Theile sich ange=
gliedert hat. In diesem Berufe hat er seine Rechtfertigung
und seine Stärke. Er würde aufhören nothwendig zu sein,
wenn er ihn vergessen könnte 1)." Da haben wir den besten
Commentar zu den Ereignissen der letzten Tage, die man ganz
und gar nach diesem Droysen'schen Principe öffentlich zu recht=
fertigen sucht. Ganz ähnlich spricht ein anderer ebenso unver=
dächtiger und competenter Zeuge den Gedanken des Borussianis=
mus aus. Der bekannte Professor Häusser in Heidelberg
sagt: „Aus der Lage der Dinge entsprang nicht nur die Berech=
tigung, sondern die Nothwendigkeit eines Staates wie Preußen.
Das Bedürfniß, das in dem Leben der Nation unbefriedigt
war, mußte ausgefüllt werden. In der kraftlosen Anarchie
des Reiches mußten, wenn die Nation nicht zu Grunde
gehen sollte, festere Staatsbildungen entstehen, getragen
vom Landesfürstenthum und dem Protestantismus 2)." Wir
wollen hier diesen offenbaren sophistischen Trugschluß des

---

1) Geschichte der preußischen Politik von J. G. Droysen. Berlin
1855. Erster Theil. S. 4.

2) Preußische Jahrbücher, Aprilheft 1862.

Herrn Häusser nicht weiter verfolgen, der ganz übersieht, daß eben diese „festeren Staatsbildungen," die sich nicht mehr als feste Glieder des Organismus des deutschen Reiches erkennen wollten, sondern nach souveräner Selbst= ständigkeit strebten, der Grund „der kraftlosen Anarchie des Reiches" waren, und daß es deßhalb eine große Unwahr= heit ist, dafür das Reichsregiment verantwortlich zu machen, statt der Reichsfürsten selbst, die das Reich ruinirten; wir wollen uns vielmehr darauf beschränken, hervorzuheben, wie Herr Droysen und Herr Häusser alles Das vollkommen bestätigen, was wir vom Borussianismus gesagt haben. Diese Herren bilden sich beliebig einen Gedanken, eine Phantasie, machen ihn zu einem absoluten Gedanken, zu einem Götzen, den sie anbeten, oder richtiger, in dem sie sich selbst anbeten, und diese doctrinäre Phantasie ist dann das Alleinberechtigte, das absolut Berechtigte, das an sich Nothwendige, vor dem sich Alles, Recht, Sittlichkeit und Geschichte beugen muß. Deutschland ist das wahre Hei= mathsland dieser gefährlichen Phantasten. Es erhellt daraus aber auch, daß diese Geistesrichtung nicht lokal ist; es können auch in anderen Ländern ähnliche Systeme aufgestellt werden, die dort eine andere Bezeichnung haben werden, aber alle darin zusammentreffen, daß sie ohne Rücksicht auf Gott, ohne Rücksicht auf Recht und Geschichte, ihre Interessen für die allein berechtigten halten und sie mit allen Mitteln durchführen wollen.

Dieses verderbliche System, wie es sich in Deutschland
in Bezug auf den Beruf Preußens ausgebildet hat
nun schon lange auf ein Zerwürfniß mit Oesterreich hin=
gearbeitet. Nach demselben hat Oesterreich begreiflich kei=
nen Platz mehr in Deutschland; es steht dem Berufe
Preußens, der sich mit Naturnothwendigkeit vollzieht, hin=
dernd entgegen; und ebenso ist, um mit Herrn Droysen zu
sprechen, das „Angliedern weiterer Theile" für Preußen auf
Kosten der übrigen deutschen Staaten lediglich wieder eine
Naturnothwendigkeit, sowie es für die Gestirne Naturnoth=
wendigkeit ist, sich in ihren eigenen Bahnen zu bewegen. Zum
ersten Male begegnete mir im Leben dieser Borussianismus
in seiner naturnothwendigen Angliederungsrichtung im Jahre
1848. Das war überhaupt ein Angliederungsjahr; freilich
nicht für das preußische Königthum, sondern für die
Revolution, die damals das Angliedern und die Natur=
nothwendigkeit anders deutete, aber gewiß mit demselben
Rechte, wie Herr Professor Droysen für seine Ansicht. Man
gestatte mir, dieses persönliche Erlebniß meiner ersten Be=
gegnung mit dieser Angliederungstheorie hier kurz zu
erwähnen; es ist nicht ohne allgemeines Interesse. Ich
war damals Pfarrer zu Hopsten, in meiner Heimath
Westphalen. Das Vertrauen der Bewohner der dor=
tigen Gegend nöthigte mich im vollen Gegensatze zu
allen meinen Wünschen, eine Wahl für das deutsche Par=
lament in Frankfurt anzunehmen. Zum dortigen Wahl=

3*

bezirke gehörte auch die Grafschaft Tecklenburg, ein alt=
preußisches Land und protestantisch. Bei einer Versammlung
aller Wahlmänner, die damals in Tecklenburg gehalten
wurde, wurde insbesondere die Aufgabe des Deputirten in
Frankfurt bezüglich der deutschen Verfassungsfrage besprochen,
und bei dieser Gelegenheit trat ein im übrigen höchst
achtungswerther Mann mit der Ansicht auf, es sei vor
Allem Beruf des Parlamentes, die Grenzen Preußens bis
an den Main zu erweitern und so ein norddeutsches König=
thum unter Preußens Krone zu constituiren, und es sei
meine Pflicht als Deputirter, in dieser Richtung zu wirken.
Damals hörte ich zum ersten Male die Idee aussprechen,
die sich jetzt, zwanzig Jahre später, verwirklicht hat. Ich
war ganz erstaunt, in einer Zeit, wo ohnehin alles Recht
erschüttert war, aus einem solchen Munde eine neue colos=
sale Rechtsverletzung als Heilmittel anpreisen zu hören und
lehnte natürlich mit aller Entschiedenheit die Zumuthung ab,
an einem solchen Plane der Zerreißung Deutschlands mit=
zuarbeiten. Wie hätte ich damals daran denken können,
daß ich später als Bischof von Mainz Augenzeuge der Ver=
wirklichung dieses Planes und der Ausdehnung der preu=
ßischen Grenzen bis an den Main sein würde? Wie oft
habe ich seitdem an diesen Herrn in Tecklenburg zurück=
gedacht, dessen Aeußerung mir ein Beweis geworden
ist, wie allgemein und von wie lange her das vorbereitet
war, was jetzt geschehen. Ich zweifle jetzt nicht mehr, daß

dieſer Herr nicht eigentlich ſeinen Privatgedanken ausge=
ſprochen, ſondern ihn in jener geheimen Geſellſchaft ſich
angeeignet hat, in der namentlich das, was wir Boruſſia=
nismus nennen, ſeinen Sitz hat. Dieſe Anſicht von einem
ungemeſſenen Berufe Preußens hat den Krieg vorbereitet;
ſie iſt im Verlaufe des Krieges eine ſtarke Macht geworden,
um denſelben zu führen; ſie hat nach den großen Siegen
Alles in Preußen mit ſich fortgeriſſen, ſelbſt jene Kreiſe,
die ihr ganzes Leben der Vertheidigung des Rechtes gewidmet
haben; ſie hat endlich die Bedingungen des Friedens dictirt
und herrſcht augenblicklich faſt ohne Widerſpruch in
Preußen.

Welche Gefahren liegen aber in einer ſolchen Anſchau=
ung für den Frieden Europa's überhaupt und auch für
Preußen insbeſondere. Sie iſt ihrer ganzen Natur
nach aggreſſiv gegen Alles, eine Art Kriegserklärung an
Alles, was ſich dieſem naturnothwendigen Berufe entgegen=
ſtellt. Dieſe Kriegserklärung iſt aber um ſo gefährlicher,
weil der Inhalt dieſes Berufes ein ganz willkürlicher iſt.
Das Recht, welches Herr Droyſen und Herr Häuſſer hat,
ſich einen beliebigen doctrinären Gedanken von dem Berufe
Preußens auszubilden, hat auch jeder Andere; und das
Recht, welches dieſe Herren haben, ihren angeblich natur=
nothwendigen Gedanken durch naturnothwendige Angliedes=
ungen zu verwirklichen, - hat auch jeder Andere für ſeine
Doctrinen. Wo iſt bei ſolcher Willkür noch eine Grenze?

Solchen Theorien gegenüber ist kein Recht und kein Staat mehr gesichert. Warum soll dieser naturnothwendige Gedanke am Main stehen bleiben, warum an der Donau u. s. f.?

Diese Anschauungen sind aber auch überaus gefährlich für Preußen. Wenn gleich das Bemühen, einen beliebigen doctrinären Parteigedanken als die geschichtliche Nothwendigkeit eines Landes mit dem absoluten Rechte der Angliederung hinzustellen und dadurch jede Rechtsverletzung zu sanktioniren, in dieser Art noch nicht dagewesen ist, so finden sich doch Anklänge dazu in anderen Ländern reichlich vor. Nicht Preußen allein mit seiner Geschichte ist in der Welt; es gibt auch noch andere Völker mit Selbstbewußtsein und älterer Geschichte. Wer will es ihnen wehren, daß auch sie unter einem anderen Namen eine gleiche Theorie ausbilden? Wenn es einmal darauf ankömmt, ohne Rücksicht auf Recht und Geschichte einem Volke einen naturnothwendigen Weltberuf mit absolutem Angliederungsrechte zu stellen, so wird ohne Zweifel Frankreich auch bald seine Droysen und Häusser finden, die in der französischen Eitelkeit nicht weniger Anhaltspunkte finden werden. Wer weiß, welchen Weltberuf sich Rußland, welchen die nordamerikanischen Staaten sich einmal beilegen werden? Jeder falsche Grundsatz, den man zu seinem Vortheil ausbeutet, wird unfehlbar sich später gegen den wenden, der ihm huldiget. Nur die äußerste Verblendung kann es verkennen, wie gefährlich solche Theorien für Preußen selbst bei veränderten

Verhältnissen werden können. Es ist eine wahre Thor=
heit, zu glauben, daß vor einem solchen doctrinären Hirn=
gespinnst von Weltberuf die ganze Welt stehen bleiben und
sich willenlos angliedern lassen werde. Je aufrichtiger wir
das Beste Preußens wollen, desto mehr können wir in sol=
chen Richtungen nur die Wege zum Verderben erkennen.

VI.

Den Zweck heiligt die Mittel.

———

Wir haben die Gründe des Krieges betrachtet; wir müssen jetzt die Mittel, ihn zu führen, ins Auge fassen. Wir verkennen dabei nicht, in welchem Maße zu dem Erfolge die Tapferkeit des preußischen Heeres, die Tüchtigkeit seiner Führung und Ausrüstung und, worauf wir besonders Gewicht legen, das starke Pflichtgefühl, das den größten Theil der preußischen Soldaten erfüllte, mitgewirkt haben. Je mehr wir aber gern und freudig bereit sind, das Tüchtige im preußischen Staatswesen und in seiner Militärverfassung überall vollkommen anzuerkennen, desto mehr schmerzt es uns, wenn wir demselben Elemente ganz anderer Art beigemischt sehen. So ist es auch hier gewesen. Die Tapferkeit des Heeres allein erklärt nicht den

so überaus überraschenden Erfolg dieses Krieges und der
Glanz der preußischen Armee ist ohne ihre Schuld getrübt
durch andere Mittel, die angewendet wurden, um diesen
Sieg zu erringen; insbesondere durch die Bundesgenossen,
denen man sich anzuschließen nicht gescheut hat.

Was naturnothwendig ist, ist nicht nur an sich berechtigt, sondern es sind auch alle Bedingungen und Voraus-
setzungen seiner Verwirklichung, alle nothwendigen Mittel
dazu berechtigt. Eine Theorie, eine Doctrin, die ihre beliebigen Hirngespinnste für naturnothwendig hält, muß daher auch alle Mittel für erlaubt halten, die zu ihrem
naturnothwendigen Ziele führen. Wenn Preußens Beruf
naturnothwendig Angliederung ist, so ist auch kein Mittel
mehr schlecht, das ihm dient, diese Angliederung zu voll-
ziehen. So grundverkehrt nun eine solche Anschauung auch
sein mag, so ist sie doch vorhanden, und wenn auch nicht
überall mit voller innerer Erkenntniß, dennoch weit verbreitet. Sie allein erklärt das, was vor unseren Augen geschehen
ist; sie allein erklärt, wie es möglich war, daß Preußen
die äußerste Verlegenheit, in die Oesterreich durch die schlaue
Politik Napoleons in Italien gerathen war, dazu benutzte,
um diesen seinen alten deutschen Bundesgenossen in der
Verbindung mit der Revolution in Italien und Ungarn
niederzuwerfen. Das aber ist geschehen.

Wie ganz anders war die Lage vor kaum fünfzig
Jahren; und wenn die Geister der drei Fürsten, die damals

verbunden waren, auf uns herabblicken, wie mögen sie dann
diese neuen Bündnisse Preußens beurtheilen. Damals war
der König von Preußen ein hervorragendes Mitglied der
heiligen Alliance; gewiß das absolute Gegentheil der Alli=
ance, in der jetzt die braven preußischen Heere gekämpft
haben. Unter den Augen jener drei Fürsten wurde die
Völkerschlacht bei Leipzig geschlagen, wo wahrhaft die Völker
Europas gegen Napoleon kämpften, und die Ströme Blu=
tes, die da flossen, um die Herrschaft Napoleons zu bre=
chen, waren der Kitt, mit dem jener Bund geschlossen wurde.
Napoleon vertrat auch einen Beruf; er wollte auch der Voll=
strecker höherer Rathschlüsse der Vorsehung sein; sein an=
geblicher Beruf knüpfte sich aber an seinen Namen und an
Frankreich; auch er vertrat ein Princip, eine Theorie ohne
Recht, ohne Geschichte, ohne Gottes Gebot. Wenn es dar=
auf ankam, den Erfolg, glänzende Siege als ein Gottes=
urtheil, als einen Beweis des göttlichen Segens geltend zu
machen, so konnte Napoleon sich nicht auf einen, sondern
auf zahllose Siege berufen. Mit diesem seinem angeblichen
Berufe hatte er alle Völker= und alle Fürstenrechte zertre=
ten. Gegen diese willkürlichen gottlosen Theorien kämpften
die Fürsten und ihre Völker bei Leipzig, und zogen dann
vereint den weiten Siegeslauf bis Paris. Welche Verän=
derungen seitdem! Der Neffe dieses Napoleon hat den nie=
dergestürzten Thron seines Oheims wieder aufgerichtet, er
vertritt dieselben Principien und ist nicht minder erfüllt von

dem Gedanken, daß er an der Spitze Frankreichs einen
Beruf habe. Alle seine Kundgebungen zeigen, daß er von
der Naturnothwendigkeit dieses Berufes überzeugt ist. Er
hat es oft und wiederholt ausgesprochen, daß ein Mittel zu
seinem Berufe auch eine Zerstörung dessen ist, was die
Sieger über seinen Oheim aufgebaut haben. Er war aber
klug genug, um die Lehre, daß es leicht ist, einen Bund von
Stäben zu zerbrechen, wenn man jeden einzelnen für sich knickt,
auch auf die höhere Diplomatie anzuwenden. In den letzten zehn
Jahren war Oesterreich an der Reihe, dieses eine Glied jenes
Bundes, den das Blut bei Leipzig geschaffen hat. In dieser
langen Zeit hat er Oesterreich mit allen Mitteln einer ge-
wandten Diplomatie beschädigt. Die Hindernisse, die es
Oesterreich fast unmöglich machen, zu einem innern Ausgleich
zu kommen, wegen der Stellung Ungarns, ebenso wie der
ganze Kampf Italiens gegen Oesterreich sind theils ganz
sein Werk oder, wo das nicht, doch nur durch ihn ermög-
licht; und nachdem Oesterreich so von der ganzen Revolution
gehetzt, tief geschwächt und gelähmt war, da hat Preußen
keinen Anstand genommen, diese höchste Verlegenheit des
alten Kaiserhauses zu benützen, um geschützt von dem Neffen
des alten Oheims, der bei Leipzig von dem König von
Preußen im Bunde mit Oesterreich geschlagen worden
war, in Alliance mit der italienischen Revolution, ja in
Verbindung sogar mit der Revolution in Ungarn, Oesterreich
aus Deutschland zu verdrängen, Deutschland selbst zu zer-

reißen, um den angeblichen Beruf Preußens zu ver=
wirklichen. Von der einen Seite von der italienischen
Revolution angegriffen, von der andren von den preußischen
Heeren, von der dritten durch eine von Preußen geförderte
Revolution in Ungarn bedroht, im Hintergrund hoch oben
Napoleon, der dieses eine Glied des Bundes von Leipzig
knicken wollte, da mußte freilich das so tief im Innern
selbst geschwächte Oesterreich zusammenbrechen.

Hier liegt der Grund unsers Schmerzes; da möchten
wir das Angesicht verhüllen und über unser deutsches Va=
terland weinen. Nicht weil wir Preußen hassen, sondern
weil wir es aufrichtig lieben, wird uns nie der Schmerz
darüber verlassen, daß Preußen die äußerste Verlegenheit
Oesterreichs, in die es durch die Revolution gekommen war,
benützt hat, um in Verbindung mit der Revolution sich auf
Kosten Oesterreichs zu bereichern. Wir schreiben diesen Ge=
danken mit Schmerz nieder, wir glauben aber, daß er die
volle Wahrheit enthält, und wir müssen ihn deßhalb nie=
derschreiben, weil wir die Wahrheit sagen wollen, da nur
die Wahrheit frei macht. Wir Deutsche haben viele trau=
rige Ereignisse in der deutschen Geschichte zu beweinen;
wir wissen nicht, ob eines diesem gleich kömmt; ein Volk,
wie das preußische, ein Heer, wie das preußische, ein
Königthum, wie das preußische, in Alliance mit Viktor Em=
manuel, Garibaldi, Klapka, unter Oberleitung eines Na=
poleon im Kampfe gegen Oesterreich!

Wir haben hier eine unselige Wirkung jener verderb=
lichen Richtung vor uns, welche die höhere Politik von
ihrer wahren Grundlage trennt. Wenn man für den Ver=
kehr der Völker und Staaten einen exemptionellen Maßstab
anlegt, als ob hiefür andere Gesetze beständen, als die der
gewöhnlichen Sittlichkeit und des gewöhnlichen Rechtes;
wenn man sich der Täuschung hingibt, daß im Privat=
leben schlecht, unrecht und verwerflich sein könne, was in
der höheren Politik recht, gut, ja nothwendig sei; wenn
man mit einem Worte von den Geboten Gottes absieht und
für so hohe Dinge andere Gebote, die gewissermaßen
höher liegen sollen, aufstellt, so müssen solche Folgen noth=
wendig eintreten. Dadurch verfällt die hohe Politik sofort
lediglich der Menschenklugheit, der Menschenwillkür, sie wird
eine niedere Nützlichkeitspolitik, eine Politik der Intrigue,
kurz eine Politik, bei welcher der Egoismus das einzige
und maßgebende Gesetz ist. Sie wählt sich dann beliebige
Ziele, die von der göttlichen Ordnung abweichen, und sie
verfolgt diese Ziele mit allen Mitteln nach dem Grundsatze:
Der Zweck heiligt die Mittel. Es ist eine große Selbst=
täuschung, wenn die Welt den Jesuiten diesen Grundsatz vor=
wirft, gleichsam als ob sie durch diese ungerechte Anklage
den Beweis führe, daß sie selbst diesem Grundsatze nie
und nimmer huldige. Allein dieser Grundsatz gehört nicht
einem Stande oder einer Klasse von Menschen an, sondern
er ist ein Grundsatz der verdorbenen Menschennatur, wel=

cher überall und in jedem Menschen auftritt, der sich
nicht dem Sittengesetze unbedingt unterwirft. Er herrscht
namentlich unbeschränkt in jenem von der Religion ab=
getrennten Völkerrechte. Die Beziehungen der Völker ruhen
wesentlich auf denselben Grundlagen, wie die Beziehungen
der einzelnen Menschen unter einander, auf der Verwirk=
lichung und gegenseitigen Anerkennung der von Gott in
uns gelegten Gesetze der Sittlichkeit, des gegenseitigen Wohl=
wollens, des Gebotes: Was du nicht willst, daß dir ge=
schehe, das thue auch einem anderen nicht. Alle diese Ge=
setze, die Gott für den Verkehr der Menschen und der
Völker in unser Gewissen gelegt hat, finden ihre höchste und
erhabenste Erklärung in dem Christenthum. Das idealste
Völkerrecht wäre eine Verwirklichung der Gesetze des Chri=
stenthums in den Beziehungen der Völker unter einander;
die idealste Diplomatie und Politik wäre die Diplomatie
und Politik nach den Grundsätzen des Christenthums. Eine
höhere Klugheit gibt es für den Völkerverkehr nicht, als
jene, die das schlichteste Christenkind in seinem einfachen
Privatleben befolgt. Man glaubte, die hohe Politik zu er=
heben, als man sie lostrennte von dieser wahren Grund=
lage des Sittengesetzes, und man hat sie dadurch unaus=
sprechlich erniedrigt. Die hohe Politik ist nach ihren Ge=
sichtspunkten und Motiven wahrlich nicht mehr hoch, sondern
sehr niedrig. Nachdem man die ewigen Grundsätze der
Sittlichkeit und der Gebote Gottes verlassen hat, hat man

an deren Stelle seit den letzten Jahrhunderten jene todte Form gesetzt, die von der Wage, auf der die Waaren gewogen werden, hergenommen ist, das sogenannte Gleichgewichtssystem. An Stelle der ewigen Gesetze der Sittlichkeit und der Religion sollte der Kaufmannsladen den Maßstab für den Völkerverkehr abgeben, und damit glaubte man für diese hohen Regionen einen höheren Maßstab gefunden zu haben. Hinter dieser leeren Form der Gleichgewichtstheorie verbarg sich aber der rohe Egoismus der Völker, und die Diplomatie ist seitdem die Wissenschaft geworden, die Eifersucht und den Neid der Nationen, den Völker-Egoismus hinter glatten äußeren Formen zu verstecken und alle Fäden zu spinnen, um diesen Egoismus geltend zu machen. In dieser Lostrennung des Völkerrechtes von dem Gesetze Gottes, in dieser Fiction, als ob die hohe Politik in ihren Zielen und Mitteln auf einem höheren Standpunkt stünde, als dem der gewöhnlichen Sittlichkeit und Gerechtigkeit liegt eine unermeßliche Gefahr für den Frieden der Welt. Wer die Revolution in der niederen Politik nicht will, darf sie auch in der höheren nicht wollen. Ein Völkerrecht ohne Gottes-Recht ist ein permanenter Kriegszustand oder nur eine Waffenruhe, die dem Kriege Aller gegen Alle vorausgeht: Dem Princip nach ist es Krieg, weil es kein Moment in sich trägt, das in seiner Ausgestaltung Frieden unter den Völkern gründen könnte.

Diese Anschauung führt denn auch nothwendig zu jener unbedingten Huldigung dem Erfolge gegenüber, die wir in so großer Ausdehnung vor uns sehen. Unrecht im Großen ist ganz gewiß nicht weniger ungerecht, als Unrecht im Kleinen und die Größe des Erfolges hebt die Größe des Unrechtes nicht auf. Gerade umgekehrt: der Arme, der ein Stück Brod stiehlt, ist weit minder strafbar, als der Reiche, der durch Unredlichkeit ein immenses Vermögen sich erworben hat. Aber so sehr ist unser sittliches Gefühl beschädigt, daß in der hohen Politik nur mehr der Erfolg entscheidet, mag auch das Ziel an sich unberechtigt und mögen die Mittel dazu verwerflich gewesen sein. Welche Verwirrung der Geister und der Gewissen! Im einzelnen Menschen besteht das wurzelhaft Böse darin, daß er Ziel und Mittel ohne Rücksicht auf Gott und Gottes Gebot, ohne Rücksicht auf Sitte und Sittengesetz bestimmt; ganz so und aus denselben Gründen ist es wurzelhaft bös im Völkerleben, wenn die Völker ihre Ziele und die Mittel zu deren Erreichung ohne Gott und Gottes Gesetz, ohne Sitte und Sittengesetz wählen und verfolgen. Das ist die Revolution in der höheren Politik, das ist die „Politik der Interessen" statt der der Wahrheit und Gerechtigkeit.

Wir können es daher auch nur tief beklagen, wenn die Religion für solche von Gott und Gottes Gebot losgetrennte hohe Politik und ihre Zwecke in Mitleidenschaft und Mitverantwortung gezogen wird. Das stärkt nicht die Religion, das schwächt sie. Das ist auch eine beklagenswerthe Richtung der letzten drei Jahrhunderte, der Religion und den Dienern der Religion zuzumuthen, allen Gewaltthaten der Politik gewissermaßen eine religiöse Weihe zu geben. Für wie viele Siege sind schon Dankgottesdienste gefeiert worden von den ungerechten Kriegen Ludwigs XIV. bis zu denen Napoleons, die nicht zum Lobe Gottes waren, die vielmehr Gott im Himmel verabscheut hat. Wie muß Gott in seiner ewigen Wahrheit und Gerechtigkeit den Versuch verabscheuen, ihn gewissermaßen zum Mitschuldigen solcher Menschenthaten zu machen, die mit seinem ewigen Gesetze, mit seinem heiligen Gebote, mit seinem göttlichen Willen im Widerspruch stehen! Je erhabener die Religion dasteht, desto mehr kann sie der Welt, desto mehr auch den Staaten nutzen. Selbst in eigenem Interesse sollte der Staat der Religion nicht diese Stellung zumuthen. Diese öffentlichen Gebete, diese kirch= lichen Dank= und Freudenfeste, diese ewigen neuen Eide sind nicht vom Guten.

VII.

Folgen und Gefahren.

———

Nachdem wir die Ursachen des Krieges betrachtet haben, wollen wir die Folgen desselben, die Lage, in die wir durch ihn gerathen sind, die Gefahren, die uns deßhalb bedrohen, ins Auge fassen. Wir haben sie schon theilweise berührt; wir müssen sie aber in einem Bilde zusammenfassen, um das, was für die Zukunft noththut, richtig beurtheilen zu können.

Die erste Folge des Krieges ist die Zerreißung des Bundes, welchen die Völkerschlacht bei Leipzig und die Befreiungskriege gegen Napoleon und die napoleonischen Ideen geschaffen hatten. Die heilige Alliance ist mit vollem Recht verrufen wegen deſſen, was ſie ſpäter geſchaffen hat, aber in ihrem Urſprung war ſie ein erhabener Bund, hervorge= gangen aus dem Geiſte der Befreiungskriege. Die Befrei= ungskriege waren ein Kampf des deutſchen und des chriſt= lichen Volksgeiſtes gegen die Tyrannei eines gottloſen Fran= zoſenthums; es waren Freiheitskriege in der höchſten und erhabenſten Bedeutung des Wortes. Dieſer Geiſt, der auf den Schlachtfeldern gekämpft hatte, erfüllte urſprünglich die heilige Alliance; dieſer Geiſt fand ſeinen erhabenen Aus= druck in jener berühmten Urkunde, die ihr zu Grunde lag. Dieſe Urkunde bleibt denkwürdig ſowohl ihres erhabenen Inhaltes, als ihrer völligen und totalen Wirkungsloſigkeit wegen. Sie war dictirt von demſelben Geiſte, der die Völker durchdrang, die für ihre höchſten Güter auf den Schlachtfeldern ihr Blut vergoſſen. Die Fürſten ſelbſt waren von dieſen Gedanken ſo mächtig ergriffen und getragen, daß ſie ihnen in dieſer Urkunde Ausdruck gaben; aber dieſe Ge= danken waren größer als die Fürſten, die ſie in dieſer Urkunde ausſprachen, und noch viel größer als die Die= ner dieſer Fürſten, die die Werkzeuge ihrer Regierungs= handlungen wurden. Was wäre aus Deutſchland geworden, wenn die Gedanken der heiligen Alliance, in welcher die Fürſten vor der Welt verſprachen, das Chriſtenthum zum Ausgang aller ihrer Regierungshandlungen zu machen, ſo zu regieren, daß ihr Volk „eigentlich keinen anderen Herrn habe, als den, welchem allein alle Macht gebührt, nämlich

Gott, unsern Erlöser Jesus Christus, das Wort des Aller=
höchsten, das Wort des Lebens", und in diesem christlichen
Sinne ihren Völkern Freiheit zu gewähren — in Erfüllung
gegangen und die Grundsätze der Regierungen von da an
geworden wären? Das absolute Gegentheil ist eingetreten
und von diesem Versprechen wurde wahrhaft nichts gehalten.
Wie das ancien régime, d. h. die Monarchie in Europa
vor der Revolution, nichts war, als eine Herrschaft der
Principien der Revolution in der Monarchie, so war dieses
régime moderne nichts anderes, als ein etwas abgeschwäch=
ter Abklatsch des ancien régime. Wenn in der heiligen
Alliance die Fürsten ihren Völkern versprochen hätten, statt
nach den Grundsätzen des Christenthums, nach den modifi=
cirten Grundsätzen der französischen Encyklopädie zu regie=
ren, dann hätten sie ihr Versprechen gehalten. Dasselbe
galt noch mehr von den übrigen Regierungen in Deutsch=
land. Principien der Encyklopädie in monarchischem Kleide,
umgeben von einem Regierungs=Apparate mit allen klein=
lichen Mitteln des Polizeistaates, dazu ein Gesichtspunkt,
der sich kaum über das persönliche Familieninteresse erhe=
ben konnte — das war so ziemlich der Kreis, in dem sich die
damaligen Regierungen bewegten. Trotzdem aber hatte die
heilige Alliance als Völkerbund gegen den Napoleonismus
eine erhabene Bedeutung, und dieses Band ist jetzt zer=
rissen. Das ist eine Folge des Krieges und eine Gefahr
für die Zukunft.

Eine zweite Folge des Krieges ist, daß die höchst segensreiche Ueberzeugung, daß ein innerer Krieg in Deutschland unmöglich sei, zerstört worden ist. Diese Ueberzeugung war gleichfalls eine Wirkung der Befreiungskriege. Sie nahm von Jahr zu Jahr zu. Sie hatte sich in den Herzen des deutschen Volkes und in allen Ständen bereits so fest gesetzt, daß fast allgemein ein Krieg in Deutschland, ein Krieg unter den deutschen Völkern für unmöglich angesehen wurde. Selbst dann noch, als der Krieg unmittelbar bevorstand, hielt man ihn für unmöglich; von einem Ende Deutschlands bis zum andern hieß es damals: der Krieg ist nach der Lage der Dinge unvermeidlich, und dennoch wird er nicht eintreten, er ist unmöglich. Selbst viele ausrückende Offiziere glaubten, es könne nicht geschehen, daß sie gegen Deutsche kämpfen würden, und irgend ein unerwartetes Ereigniß werde das abwenden.

Diese Ueberzeugung war aber eines der höchsten nationalen Güter, die wir besaßen. Die Bruderkriege, die einst auf deutscher Erde gefochten wurden, sind doch weitaus das Entsetzlichste, was wir in der deutschen Geschichte zu beklagen haben. So lange sie möglich sind, kann in jedem Augenblicke wieder unermeßliches Verderben sich über Deutschland ergießen. Diese Ueberzeugung schien ein für allemal alle Gefahren, welche seit drei Jahrhunderten über uns hereingebrochen, von Deutschland abgewendet zu haben.

Sie ist jetzt gründlich beseitigt, sie ist mit den Wurzeln

aus dem mit dem gemeinschaftlichen Blute gedüngten Boden bei Leipzig herausgerissen. Wir haben wieder gesehen, daß deutsche Heere gegen einander kämpfen können und daß diese Kämpfe furchtbarer sind, als alle anderen Kämpfe, weil das deutsche Volk das tapferste Volk ist. Die blutigsten, die erbittertsten Schlachten der Neuzeit sind wieder von Deutschen gegeneinander auf deutschem Boden geschlagen worden und dieser Krieg hat so furchtbar gewirkt und die Geister für neue Bruderkämpfe so vorbereitet, daß man kaum noch den Ausdruck des Schmerzes und der Empörung über diesen Bruderkrieg vernimmt. Das ist eine Folge dieses entsetzlichen Bruderkrieges, das ist eine weitere Gefahr für die Zukunft, eine wahre Drachensaat, die in Deutschland ausgesäet worden ist.

Die dritte Folge des Krieges ist, daß sich jetzt sechs Theile Deutschlands als Ausland gegenüber stehen, ohne anderes Band, als das völkerrechtliche. Die Gesandten Rußlands, Frankreichs, Englands u. s. w. haben jetzt an den Höfen in Karlsruhe, Darmstadt, Stuttgart, München, Berlin und Wien dieselbe Stellung, wie die Gesandten der deutschen Höfe. Das ist ein Gedanke, der das berechtigte deutsche Nationalgefühl so tief verletzt, daß er kaum zu ertragen ist. Die heilige Alliance wollte, wie sie ausdrücklich sagte, aus mehreren Völkern eine Familie machen; das war eine phantastische Illusion; in Deutschland ist jetzt das Gegentheil eingetreten und die Glieder einer und der=

selben Familie sind als fremde Völker auseinander gerissen.
Das alte heilige Band, das die deutschen Völker vereinigt
hat, besteht nicht mehr. In den zwölfhundert Jahren
unserer deutschen Geschichte hat es nur Eine Periode gegeben, wo gleichfalls dieses Band zerrissen war, wo auch
Glieder des deutschen Volkes einander als Ausland gegenüber standen; das war die Zeit des Rheinbundes unter
Protection von Napoleon I. Die Befreiungskriege haben
diese Trennung aufgehoben; der letzte Krieg hat auch dieses
Werk des ersten Napoleon unter Protection des Neffen wieder hergestellt.

Die Gefahren, die dieser Zustand in sich birgt, sind
offenbar. Die Rheinbundszeit war die Zeit der tiefsten
Schmach und der tiefsten Erniedrigung Deutschlands. Die
Einmischung fremder Mächte in die inneren Angelegenheiten
des deutschen Volkes, die schon seit Jahrhunderten so viel
Verderben über uns gebracht hat, hatte in jener Zeit ihren
höchsten Punkt erreicht. Das große deutsche Volk hatte
jedes Selbstbestimmungsrecht verloren und wurde nach dem
Willen Napoleons und anderer fremder Mächte geleitet.
Die deutschen Fürsten waren Bediente geworden und große
Theile des deutschen Volkes waren so innerlich abgestumpft,
daß sie diese Schmach kaum noch empfanden. Wir sagen
nicht, daß ähnliche Zustände eintreten werden; wir sagen
nur, daß unser deutsches Vaterland durch diese Folge des
letzten Krieges unermeßlichen Gefahren ausgesetzt ist. Wie

viel Verderben hat die Einmischung fremder Höfe in deutsche
Angelegenheiten uns schon gebracht und wie sehr steht zu
befürchten, daß jetzt wieder deutsche Höfe der Tummelplatz
aller denkbaren Intriguen zum Verderben Deutschlands sein
werden. Das Vertrauen unter den deutschen Fürsten muß
ja durch die Ereignisse des letzten Krieges gänzlich vernichtet
sein. Wie nahe muß ihnen der Gedanke liegen, daß bei
der ersten günstigen Gelegenheit auch sie ein Loos erwartet,
wie das anderer Fürsten! Welcher Boden für alle fremden
Mächte, wieder dieselbe Politik zu verfolgen, die in den
letzten Jahrhunderten uns tief innerlich vergiftet hat!

Wenn wir auch kein völkerrechtliches Band mehr haben,
so haben wir in dem Bewußtsein der deutschen Völker, daß
sie Glieder eines großen Volkes sind, freilich noch ein starkes
Band, das diese Gefahr vermindert. Aber auch dieses
Band kann leider, wie wir es so oft erlebt haben, durch
Ereignisse geschwächt, ja ganz zerrissen werden. Zur Zeit
der Franzosenherrschaft war die Gesinnung eines großen
Theils der deutschen Völker auf dem linken Rheinufer dem
deutschen Vaterland tief entfremdet. In diesem Augenblicke
ist es freilich anders; man kann sich aber nicht der größten
Besorgnisse entschlagen, was in dieser Hinsicht wieder ein-
treten könnte, wenn unglückliche Ereignisse, wenn eine
Periode innerer Zerwürfnisse, vielleicht neuer innerer Kriege
vor uns läge. So furchtbar und fast unerträglich uns der
Gedanke ist, so können wir die Besorgniß doch nicht unter-

brücken, daß unter solchen Umständen diese zerrissenen Theile
des einen Volkes wieder dahin kommen könnten, sich inner=
lich mit derselben Wuth zu zerreißen und zu zerfleischen;
wie es nur in den trübsten Zeiten der deutschen Geschichte
geschehen ist. Gott bewahre davor unser armes deutsches
Vaterland; aber diese Grenzen, die jetzt mitten durch Deutsch=
land gezogen sind, deuten wie ein drohender Finger auf
solche trüben Zustände hin.

Die vierte Folge des Krieges ist die Beschädigung
der wahren Grundsätze, auf denen das Wohl der Staaten
ruht, eine wahre Auflösung und Zersetzung derselben. Wir
haben auf diese Wirkung des Krieges bereits in den vorigen
Abschnitten weitläufig hingewiesen und wollen das Gesagte
nicht wiederholen. Bleibende Zustände lassen sich nur auf
wahren Grundsätzen aufbauen. Die Gerechtigkeit, so sagten
unsere Vorfahren, ist das Fundament der Staaten und der
Völker. Die Theorie der Nützlichkeit mit Verletzung der
Gerechtigkeit, die Theorie des Erfolges als Maßstab der Be=
rechtigung ist Flugsand, welcher von dem ersten Sturme, der
durch die Welt geht, weggeblasen wird. Der letzte Krieg
war in Europa ein Sieg dieser schlechten Theorien über
die wahren Grundsätze der Gerechtigkeit. Darin liegt eine
große Gefahr für die Zukunft. Je weiter diese falschen
Principien fortschreiten, desto ungewisser, desto schwankender
wird die Existenz aller Staaten werden.

In Verbindung hiermit steht die Erschütterung des

historischen Rechtes. Der letzte Krieg hat wieder einen
guten Theil deutscher Geschichte, alter deutscher Traditionen,
alter deutscher Rechtsverhältnisse hinweggeschwemmt. Wir
werden immer moderner, immer mehr eine tabula rasa,
immer mehr ein weites, geglättetes, nivellirtes Terrain, um
alle denkbaren neuen Experimente mit uns vorzunehmen.
Wir sind bald so weit mit unserer alten ehrwürdigen Ge=
schichte, wie andere Völker, die gar keine Geschichte haben.
Seit hundert Jahren geht ein Strom durch Europa, der
alle geschichtlichen Erinnerungen und Rechtsverhältnisse mit
dem Fundament wegschwemmen will; mit der französischen
Revolution hat dieser Strom seinen zerstörenden Lauf be=
gonnen; der letzte Krieg gehört ganz dieser Strömung an.
Bald wird Deutschland wie Frankreich geeignet sein, lediglich=
lich nach geraden Linien, die man im Quadrat über die
Karte von Deutschland zieht, in Departemente eingetheilt
und statt nach den alten deutschen Stammesnamen nach
fortlaufenden Nummern bezeichnet zu werden. Das Flußbett
kann hie und da den Strom hindern, die Ebene zu bewäs=
sern und fruchtbar zu machen; es hindert ihn aber auch,
seine Fluthen entfesselt über die Fluren zu ergießen und sie
zu verwüsten. Aehnlich ist es für ein Volk: seine Geschichte,
seine geschichtlichen Rechte und Einrichtungen können hem=
men, sie können, wenn sie entartet sind, manches Gute
aufhalten; sie leiten aber auch und berichtigen die geistigen
Strömungen, die durch das Leben eines Volkes gehen, sie

führen das Volk an der Hand der Vorsehung. Ein Volk, das seiner Geschichte den Rücken gedreht hat und seine geschichtlichen Rechtsverhältnisse zertritt, geht großen Stürmen entgegen.

Daran schließt sich weiter als Folge des Krieges eine tiefe Erschütterung des monarchischen Princips. Es ist uns immer als eine beispiellose Verirrung erschienen, daß die Fürsten und deren Rathgeber im Anfange dieses Jahrhunderts geglaubt haben, man könne ganz beliebig nach den nächstliegenden Zweckmäßigkeitsgründen das historische Band, das ein Fürstengeschlecht an sein Land knüpft, auflösen, und dann ebenso beliebig und ganz mit derselben Kraft auf Commando mit einem andern Fürsten wieder anknüpfen. Das war das Uebermaß des Unverstandes, ein ganz entarteter Begriff von Monarchie und Fürstengewalt, wie er sich unter dem Einfluß des Absolutismus an den Höfen ausgebildet hatte. Diesem Irrwahne huldigten selbst die persönlich tüchtigsten Fürsten. Ein merkwürdiges Beispiel wurde uns früher von einem Augenzeugen erzählt. Als die alten kaiserlichen Länder in Vorderösterreich abgetreten waren, machten einige Bauern den weiten Weg bis Wien, um dagegen zu protestiren, daß man willkürlich das uralte Band zerreiße, das sie mit Oesterreich verbinde. Sie wurden mit jener Leutseligkeit vom Kaiser Franz empfangen, die ihm eigen war, erhielten aber keinen anderen Trost, als den Rath, sie möchten nun dieselben Gefühle der Liebe und des Gehorsams, die sie bisher gegen das alte Kaiserhaus gehegt, auf den neuen Landesherrn übertragen. Der alte Kaiser vergaß nur, den guten Schwarzwälder Bauern das Mittel anzugeben, wie man Gefühle, die sich in einer vielhundertjährigen Geschichte gebildet hatten, dahin übertragen könne, wo diese ganze Geschichte fehlt. Das war so dieser Souveränitätsschwindel des monarchischen Absolutismus, diese verfälschte Legitimität, wie sie sich an allen europäischen Höfen ausgebildet hatte, wo das ganze Verhältniß zwischen einem alten Fürstengeschlechte und seinem Lande nur aufgefaßt wurde unter dem Gesichtspunkt eines absoluten Rechtes des Fürsten über seine Unterthanen und der Pflicht des absoluten Gehorsams der letzteren. Wie man daher ein Stück Land verhandeln, eine Summe Geldes übertragen kann, so kann man nach dieser Auffassung auch das Verhältniß zwischen Fürsten und Volk beliebig wechseln und übertragen. Dieser Grundirrthum beherrschte die Anschauung der Höfe überall seit der Säcularisation; man sah nicht die unermeßliche Verschiedenheit in dem Verhältniß jener Volksstämme, die mit ihren neuen Fürsten keinen geschichtlichen Zusammenhang haben, und jener, die in ihnen ein altes Fürstengeschlecht anerkennen, mit dem sie seit Jahrhunderten alle Schicksale theilten. In dieser historischen Zusammengehörigkeit eines Fürstengeschlechtes und eines Volkes liegt eine Grundsäule des monarchischen Principes. Der letzte Krieg hat wieder viele dieser Säulen niedergeworfen. Die Pietät zwischen Fürst und Volk, die so recht aus dem historischen Verhält= niß entspringt, wird dadurch immer mehr beseitigt; die Monarchie, von ihrer unmittelbaren lebendigen Beziehung zu dem Volke abgelöst, erhält nun statt dieser lebendi= gen Wurzel im Herzen des Volkes nur die äußerlichen, die nur durch die monarchischen Verfassungsbestimmungen ge= tragen sind. Dieses Zerreißen der alten Verbindung der ältesten deutschen Fürstengeschlechter mit ihren Völkern ist daher eine große Gefahr für die Zukunft des monarchischen Princips. Das Band, das die abgesetzten deutschen Fürsten an ihre betreffenden Länder knüpfte, ist vielfach weit älter, als jenes, das die preußischen Könige mit ihrem Lande ver= bindet. Wenn jenes Band beliebig zerrissen werden durfte im Interesse eines angeblichen Berufes, einer Zweckmäßig= keits= und Nützlichkeitstheorie, wie sehr ist dann zu be= fürchten, daß eine Zeit kommen wird, wo man ganz auf demselben Boden behauptet, daß auch das Band, das die preußische Monarchie mit ihrem Volke verbindet, einer anderen Zweckmäßigkeits= und Nützlichkeitstheorie weichen müsse. Jedenfalls wird man die Logik dieser Anschauung aus den Thatsachen, die wir im Kriege erlebt haben, nicht bestreiten können.

Eine weitere Folge ist die Trübung und Verwirr= ung der Gewissen und die Schwächung der Kraft des Eides. Das Gewissen des christlichen Volkes in Deutschland ist noch

eine unermeßliche Macht für die Autorität, die viel zu
wenig gewürdigt wird. Deutschland, obwohl in seinen so=
genannten gebildeten Ständen alle, auch die extremsten
Zeitrichtungen in weitem Umfange vertreten sind, ist doch
vielleicht jenes Land, das von den Consequenzen dieser Zeit=
richtungen noch am wenigsten zu fürchten hat, und zwar
lediglich und allein weil das deutsche Volk noch im
großen Umfange ein gewissenhaftes Volk ist. Es ist eine
große Täuschung, wenn man glaubt, daß in Deutschland
die eigentliche Macht, welche die Revolution aufhält, in der
Militärverfassung liege; sie liegt in der Gewissenhaftigkeit,
in der Gesinnung, in der Religiosität des Volkes. Nament=
lich würde die preußische Militärverfassung mit ihrer drei=
jährigen Dienstzeit der Revolution gegenüber gänzlich ohn=
mächtig sein, wenn sie ihre Soldaten aus einem gewissen=
losen, jeder revolutionären Verführung zugänglichen Volke ent=
nehmen müßte. Eine dreijährige Dressur vermag nicht
einen Menschen, der die Grundsätze des Radicalismus in sich
aufgenommen hat, zu einem treuen Unterthanen seines Königs
zu machen. Leider ist diese Ansicht in manchen Kreisen weit
verbreitet. Die eherne Mauer, an der der Geist der Re=
volution in Deutschland scheitert, ist die Gesinnung des
christlichen Volkes, die Gewissenhaftigkeit desselben. Die
Treue, die Stärke des preußischen Heeres liegt nicht hauptsäch=
lich in der Dressur der Soldaten, nicht in dem, was sie bekom=
men nach ihrem Eintritte, sondern in dem, was sie mitbringen

aus dem Elternhause; es sind treue, gewissenhafte, tüchtige
junge Leute, die nicht durch die Schule der schlechten Zeit=
richtungen, sondern durch die Schule des Christenthums ge=
bildet sind; die ihre Treue gegen ihren Fürsten als eine
Pflicht gegen Gott erkennen. Diese gewissenhafte Gesinn=
ung des christlichen Volkes ist in allen betreffenden Ländern
durch die letzten Ereignisse tief beschädigt und getrübt.
Welche Folgen werden sie in den Herzen und in den Ge=
sinnungen aller dieser jungen Leute haben, die da, wie man
den Handschuh auszieht oder den Rock, jetzt ihre innerste
Gesinnung verändern, alle ihre Gefühle, alle ihre Ansichten
plötzlich wechseln sollen? Und diese Verwirrung der Ge=
wissen muß um so größer werden durch die Art, wie in
unseren modernen Staaten der Eid behandelt wird, wo jede
Gewalt glaubt, durch Schwörenlassen könne sie sich beliebig
befestigen. Was ist der Eid ohne Gewissen? was der Eid
ohne Gott und ohne göttliche Ordnung? Sein ganzes We=
sen besteht in der Anrufung des Zeugnisses Gottes; er hat
nur Kraft und Bedeutung, wenn das beschworen wird, was
Gott will und was Gott bestätigt. Je weiter sich die Ge=
staltungen der Dinge von dem Gesetze Gottes entfernen, desto
mehr wird auch der Eid seiner inneren Weihe, seiner inne=
ren Kraft entkleidet und eine leere, aber verderbliche Form.
Man darf Niemand zu einem Eide, d. h. zu einem Ver=
sprechen vor Gott und im Namen Gottes zwingen, der
zweifelhaft ist, ob das, was er verspricht, auch mit der

göttlichen Ordnung übereinstimmt. Ein solcher Zwangseid untergräbt die Gewissen und ist eine Art Nöthigung zu einem falschen Eid.

Als letzte unselige Folge des Krieges will ich die sittliche Niederlage nicht unerwähnt lassen, die dadurch die conservative Partei in Preußen erlitten hat. Das Wort „conservativ“ ist vieldeutig; es bedeutet Gutes und Böses, und so schließt auch die conservative Partei in Preußen mancherlei Verkehrtes ein. Es besteht aber dort eine wahrhaft christliche conservative Partei mit hoher Intelli= genz und hoher Tüchtigkeit, vor der wir jederzeit große Achtung gehabt haben. Diese Partei hat leider bei König= grätz eine nicht minder große Niederlage erlitten wie Oester= reich; sie hat dem Erfolge gehuldigt, vor den vollendeten Thatsachen und der Macht ihr Knie gebeugt und fast aus= nahmlos jene Grundsätze verleugnet, die sie seit so vielen Jahren vertreten hat. Ganz und gar dasselbe, was sie in diesem langjährigen Kampfe allen ihren Gegnern vorge= worfen, hat sie jetzt selbst gethan. Das ist eine schwere sittliche Niederlage; denn eine Partei, die christlich sein will, muß vor Allem der Macht gegenüber den Muth der Wahr= heit haben. Huldigung, lediglich der Macht erwiesen, Feig= heit der Macht gegenüber hat mit Christenthum nichts zu schaffen. Die conservative Partei in Preußen hat diese Probe nicht bestanden. Ob sie sich von diesem Schlage erheben wird, können wir nicht übersehen; wir hoffen es. Wir wünschen ihr aber, daß nie eine Zeit kommen möge, wo die Revolution in der Lage sein wird, ihr diesen Abfall öffentlich mit jenem Hohne und jener schneidenden Logik nachzuweisen, wozu sie die Energie und den Geist in sich trägt. Die conservative Partei hat der Revolution durch diesen Abfall von ihren Grundsätzen, durch diese Huldigung für die Thatsachen eine mörderische Waffe in die Hand gegeben, von der sie unter veränderten Verhältnissen Ge= brauch zu machen wissen wird.

VIII.

Die Zukunft.

———

Werden aber alle diese Folgen und Gefahren sich
verwirklichen? Wir wissen es nicht. Möglich ist es, daß
nach den Worten: Wer Wind säet, wird Sturm ernten, uns
große Stürme in Deutschland und Europa bevorstehen;
möglich ist es, daß wir welterschütternden Ereignissen entgegengehen. Wir können sie aber vielleicht auch noch abwenden und es ist Pflicht eines Jeden, dazu nach
Kräften mitzuwirken. Wir haben ein unbegrenztes Vertrauen auf die Liebe, mit der die göttliche Vorsehung
die Geschicke der Völker leitet, in welchen sich keineswegs
nur die Strafgerechtigkeit, sondern ebenso sehr und noch
mehr die Erbarmung Gottes offenbart; wir haben ein unbegrenztes Vertrauen auf die göttliche Macht des Christen-

thums, welches die sittlichen Grundlagen, auf denen die
Staaten ruhen, immer wieder auferbaut, wenn die Men=
schen sie beschädigt und zerrüttet haben; wir haben auch ein
großes Vertrauen auf den Beruf, welchen Gott dem deut=
schen Volke gegeben hat. Wir vertrauen auf die Tüchtig=
keit der Stämme selbst, welche den preußischen Staat bilden.
In dieser letzteren Beziehung erinnern wir uns der Ansicht
jenes seltenen Mannes, der durch den Einfluß seiner
Schriften der Lehrer Vieler geworden und uns noch nicht
ersetzt ist, des sel. Jarke. Er knüpfte seine Hoffnungen
und Befürchtungen bezüglich Preußens im vertraulichen Ge=
spräche gerne an die beiden Farben Preußens. Er dachte sich
unter der schwarzen Farbe alle Richtungen in Preußen, die
ihm verderblich schienen, unter der weißen alle guten, lebens=
kräftigen Bestrebungen in Preußen, und er konnte dann mit
Wärme die Ueberzeugung aussprechen, daß in dem heißen
Kampfe dieser entgegengesetzten Principien die weiße Farbe
siegen, die schwarze unterliegen werde. Wir schließen uns
gerne dieser Hoffnung an und huldigen nicht jener
finsteren Weltanschauung, die bei jedem ungerechten Ereig=
nisse sofort nur an die strafende Gerechtigkeit Gottes denkt.
Wenn Gott Fürsten und Völker nur nach seiner Gerechtig=
keit behandelte, dann könnte kein Fürst und kein Volk vor
ihm bestehen. Wenn wir daher den letzten Krieg für ver=
werflich halten und in den Folgen desselben große Gefahren
für die Zukunft unseres Vaterlandes erkennen, so finden

5*

wir darin nur um so mehr eine Aufforderung an jeden Deutschen, der sein Vaterland liebt, mit Aufbietung aller Kräfte die Wege zu suchen, die uns vor diesem drohenden Verderben bewahren können. Das ist von nun an unsere Aufgabe.

Den Standpunkt, von welchem wir hierbei ausgehen werden, haben wir in dem zweiten einleitenden Paragraphen unserer Schrift näher entwickelt. Dort setzten wir den Gedanken auseinander, daß es auf Erden keine menschliche That gebe, die absolut und in jeder Beziehung verderblich sei; denn wenn sie auch an sich für den Menschen, der sie vollbringe, böse sei, so könne sie doch ihrer göttlichen Zulassung nach und unter der Leitung der Vorsehung Gutes zur Folge haben, indem Gott oft Böses durch Böses strafe, und aus Unglück und Zerstörung neues Leben hervorgehen lasse. Unter Leitung dieses Grundsatzes wollen wir Wege suchen, um die drohenden Gefahren von unserem Vaterlande abzuwenden. Wir können dabei selbstverständlich nicht ungewisse zukünftige Ereignisse, am allerwenigsten die schreckliche Möglichkeit eines neuen Bruderkrieges in Betracht ziehen. Gewiß können neue Kriege oder Revolutionen Alles, was das verflossene Jahr geschaffen, wieder vollständig umstürzen und völlig neue Verhältnisse hervorbringen. Solche Ereignisse liegen aber ebenso außerhalb unserer Wünsche, wie unserer Berechnung. Wir sind vielmehr darauf hingewiesen, von den gegebenen Verhältnissen, die wir nicht geschaffen haben, die wir aber auch nicht ändern können, auszugehen, und mit warmer Liebe zu unserem deutschen Vaterlande alle Keime einer guten und gedeihlichen Entwickelung in ihnen aufzusuchen und zu benützen.

So gefahrbrohend nämlich jetzt unsere Lage auch sein mag, so dürfen wir doch die großen Uebelstände nicht über= sehen, die in den deutschen Zuständen vor dem Kriege vor= handen waren, und ebenso wenig, daß in den inzwischen eingetretenen Verhältnissen auch Manches sich findet, was zum Heile Deutschlands gereichen kann. Wir glauben beides sowohl in Bezug auf Oesterreich, als auf das übrige Deutsch= land behaupten zu können.

Der größte Verlust hat offenbar Oesterreich getroffen; es hat gleichzeitig seine Stellung in Italien und in Deutsch= land, dieses doppelte Erbe des alten deutschen Kaiserthums eingebüßt; und doch kann dieser so immense Verlust zum Ausgangspunkte einer inneren Stärkung Oesterreichs werden.

Gerade deßhalb, weil das österreichische Kaiserhaus einer gewaltthätigen Politik ferne steht, hatten sich im Inneren und im Aeußeren Schwierigkeiten angehäuft, die auch der wohlwollendste Fürst kaum mehr zu bewältigen im Stande war. Diese Schwierigkeiten gereichen dem Kaiserhause nicht zum Vorwurf, sondern vielmehr zur Ehre. Hätte Ungarn statt eines österreichischen Kaisers einen Ludwig XIV., einen Friedrich den Großen oder einen Napoleon zum Könige ge= habt, so wäre von dieser ganzen alten ungarischen Ver=

faffung, die jetzt dem Kaiserhause so große Verlegenheiten
bereitet und für die Revolution in Ungarn eine Waffe gegen
daffelbe ist, längst kein Stumpf und Stiel mehr übrig.
Die Möglichkeit aller dieser Verfassungskämpfe liegt ledig=
lich darin, daß die österreichischen Kaiser die Freiheit Un=
garns geachtet und die Verfassung dieses Landes respektirt
haben. Unter jenen französischen Fürsten wären alle Gebiete
des österreichischen Reiches längst in gleichgestaltete Verwal=
tungsbezirke eingetheilt und von Präfekten administrirt. Für
einen Fürsten, der Recht und Geschichte achtet, ist es über=
aus schwer, wenn die geschichtlichen Rechte zu den wirklichen
Verhältnissen vielfach nicht mehr passen oder gar zum Deck=
mantel feindlicher Bestrebungen geworden sind, den rechten
Weg zu finden, um ohne Gewaltthätigkeit die Gegenwart
mit der Vergangenheit in Einklang zu bringen. Die Revolu=
tion oder absolutistische Fürsten werden mit solchen Zuständen
leicht fertig; sie fegen bis zum Boden Alles weg. Sie zu
bewältigen, ist aber höchst schwierig für ein Fürstenhaus, das
mit großer Gewissenhaftigkeit die Rechte Anderer achtet.
Diese hohe Gewissenhaftigkeit, dieser strenge Rechtssinn, diese
Achtung der Rechte und Freiheiten seines Volkes ist ohne
Zweifel der eine Grund, warum es dem österreichischen Kaiser
so schwer fällt, die inneren Staatsverhältnisse zu regeln.
Noch schwieriger waren für Oesterreich die Beziehungen zum
deutschen Bunde. Der deutsche Bund war nicht einmal in
seinem Ursprunge von einer hohen Idee ausgegangen. Er

entsprach hauptsächlich den Interessen der Politik auswär=
tiger Höfe und den dynastischen Interessen deutscher Fürsten.
Von einer wahren Befriedigung nationaler Ideen war da=
bei kaum die Rede. Man sagt, die Bundesverfassung sei
unter den damaligen Verhältnissen allein möglich gewesen;
wir glauben es nur insofern, als man das wahrhaft Be=
rechtigte nicht wollte. Hätte man nach den Befreiungskriegen
Deutschland eine Reichsverfassung gegeben, die den nationalen
Bedürfnissen wahrhaft entsprochen hätte, so würde der Geist,
der die Befreiungskriege hervorgerufen hat, jeden Wider=
spruch auswärtiger Mächte dagegen unmöglich gemacht haben.
Das wollte man aber nicht aus Interessen, die mit den
nationalen Interessen nichts gemein hatten, und so entstand
dann die Bundesverfassung, die jetzt so jammervoll zer=
schlagen ist. Auch ihr gegenüber war das Kaiserhaus ge=
lähmt durch seine gewissenhafte Achtung des einmal be=
stehenden Rechtes. Nachdem der Versuch des jetzigen Kaisers,
die Bundesverfassung den nationalen Bedürfnissen mehr
entsprechend umzugestalten, an dem Widerstande Preußens
gescheitert war, war Oesterreich mit seiner deutschen Politik fast
lediglich darauf angewiesen, den Bundestag zu erhalten, und
gerieth so in einen gewissen Gegensatz zu den nationalen
Bedürfnissen des deutschen Volkes, welche ein für allemal
in dieser Bundesverfassung keine hinreichende Befriedigung
fanden. Jetzt hat Oesterreich wenigstens in dieser doppelten
Beziehung freie Hand; es ist, wenn auch unter den schwer=

ften Opfern, frei von äußeren Fragen, die es erdrückten und lähmten; es kann sich ungehemmt der Ordnung der inneren Zustände zuwenden. Wenn das aber gelingt, wie wir zuversichtlich erwarten, so wird Oesterreich bald wieder bei den großen Hilfsmitteln, über die es noch verfügt, mächtig erstarken und dadurch auch zu Deutschland die Stellung wiedergewinnen, die ihm gebührt. Je mächtiger Oesterreich im Innern ist, je gesunder und kräftiger die inneren Verhältnisse Oesterreichs sich neugestalten werden, desto mehr wird sich im übrigen Deutschland das Verlangen unwiderstehlich regen, mit Oesterreich in der innigsten Verbindung zu stehen. Wir können nicht wünschen, daß Oesterreich sein Verhältniß zu Deutschland durch Kriege wiederherstelle; wir glauben aber, daß ein sicherer Weg, die rechte Stellung wiederzugewinnen, die innere Regeneration Oesterreichs ist.

Aber auch für das übrige Deutschland kann aus den gegebenen Verhältnissen sich Manches entwickeln, was frühere Uebelstände beseitigt und die berechtigten nationalen Gefühle des deutschen Volkes wenigstens einigermaßen ausgleicht. Wir sind nämlich immer von der Ueberzeugung ausgegangen, daß die völkerrechtliche Souveränität deutscher Fürsten, welche der Rheinbund geschaffen und die Bundesverfassung befestigt hat, ebenso unberechtigt war, als auf der andern Seite das Zerreißen des historischen Verhältnisses der deutschen Fürsten mit ihren Stammländern. Auch hier ist unsere Richtschnur die Idee, in der sich die Verfassung Deutschlands in der

Geschichte entwickelt hat, nicht aber die letzte Form, in der
sie sich ausgestaltet, die wir deßhalb mehr als eine Mißform
ansehen. Der deutsche Fürst, der nach einer Macht strebte,
die der Einheit des deutschen Volkes entgegensteht, scheint
uns nicht minder ein Revolutionär gewesen zu sein, wie es
jene sind, welche die wohlerworbenen Herrscherrechte der
deutschen Fürsten beeinträchtigen. Die Kleinstaaterei, wie sie
sich in Deutschland entwickelte, halten wir deßhalb für ein
Unrecht an der Stellung, die dem deutschen Volke unter
den Nationen gebührt. Wir glauben aber überdies, daß sie
auch das deutsche Volk selbst vielfach beschädigt hat. Ein
Hauptübel der inneren Zustände vieler deutschen Kleinstaa=
ten ist das Ueberhandnehmen des Parteiwesens und die zu=
nehmende Ohnmacht der Staatsgewalt gegen dasselbe.
Dieses unselige Parteiwesen, das nicht mehr die Interessen
des Volkes, sondern die Interessen und die Tendenzen einer
Partei im Auge hat, ist zwar ein inneres Uebel, das sich
in allen modernen Staaten mehr und weniger vorfindet;
es scheint uns aber, daß es sich doch in einigen Kleinstaa=
ten in der allerverderblichsten Weise entwickelt hat, und daß
dort gegen dieses Uebel weniger Kräfte zum Widerstand im
Volke und in der Regierung vorhanden sind, als in den
größeren Staaten. Das Parteiwesen hat in einigen Klein=
staaten Alles beherrscht und über Regierung und Volk einen
wahrhaft allgewaltigen Terrorismus geübt. Dieser Einfluß
wird aber um so verderblicher, je niedriger der Stand=

punkt ist, welchen diese Parteiführer selbst einnehmen. Welche
kleine Persönlichkeiten wurden dort schon zu Volksmännern
hinaufgeschwindelt und haben dann als solche einen Theil
des Volkes beherrscht! Solche Volksmänner, wie in einigen
Kleinstaaten, hat es, glauben wir, außer diesen Ländern
noch kaum je gegeben. Bei ihnen ist von edler Volksbe=
geisterung keine Rede, sondern nur von Parteibegeisterung,
die eigentlich aus der Interessenbegeisterung entspringt. Wir
dürfen bei ihnen nicht entfernt an jene Männer der fran=
zösischen Revolution denken, die in ihrer Jugend noch an
den Ideen des Christenthums ihr Herz erweitert hatten und
nun im späteren Alter dieselben auf anderem Wege, als
auf dem des Christenthums, verwirklichen wollten. In ihnen
war noch Begeisterung für Ideale. Davon sind jene Par=
teiführer weit entfernt. Sie haben oft nicht einmal in ihrer
Jugend einen hohen Gedanken gehabt, viel weniger in ihrem
Alter. Der gemeinste Materialismus ist der Instinkt, der
sie getrieben hat ihr Leben lang. Sie können daher auch
das Christenthum gar nicht begreifen, der tiefste Haß ihres
Herzens richtet sich gegen Alles, was da wagt, über den
Morast auch nur einen Zoll breit sich zu erheben, in dem
sie selbst stecken. So wird dann der ganze Kampf solcher
Parteien, auf welche diese Männer Einfluß üben, bald ein
antireligiöser, ein antichristlicher, ein antisittlicher sowohl
dem Ziele als den Mitteln nach. Die Menschen unchristlich
und unsittlich machen, ist dann Fortschritt und Aufklärung.

Das war die Lage mancher deutschen Kleinstaaten; sie seufzten unter dem Terrorismus einer Partei, unter der Führung einiger Männer, die einer solchen Stellung nicht würdig waren; und dadurch wurden die Zustände dieser Länder innerlich tief beschädigt. Wenn daher die eingetretenen Verhältnisse uns die Mittel bieten, ohne Beeinträchtigung der in der Idee der deutschen Reichsverfassung den einzelnen Fürsten gebührenden Rechte, Deutschland ein festeres nationales Band zu geben, so glauben wir, daß dadurch berechtigte nationale Ansprüche zufrieden gestellt und vielleicht manche innere Schäden geheilt werden können.

Das ist also der Standpunkt, von dem wir die Zukunft unseres deutschen Vaterlandes ins Auge fassen und einzelne in Betracht kommende Verhältnisse beurtheilen wollen. Wir sehen Wege vor uns, die zum Verderben unseres deutschen Vaterlandes führen müssen; wir suchen daher in der innigsten Liebe zu unserem Vaterlande andere Wege, die uns retten können.

IX.

Die deutsche Frage.

―――

Die erste Bedingung, um unser deutsches Vaterland vor dem unmittelbar drohenden Verderben zu bewahren, ist eine Erledigung der deutschen Frage, wodurch auf der einen Seite Oesterreich befriedigt, eine innige Verbindung mit Oesterreich bewirkt, und auf der andern Seite dem berechtigten Nationalgefühl der deutschen Völker genügt wird. Nur aus einem Zustande, der diesen beiden Beziehungen entspricht, kann wahrer Friede hervorgehen.

Habsburg hat Jahrhunderte lang die deutsche Kaiserkrone getragen. Durch das Verhalten Preußens vor dem Jahre 1806 unterlag der Kaiser im Kampfe gegen Napoleon. Als dann am 12. Juli 1806 der Reichserzkanzler Dalberg, die Könige von Bayern und Württemberg, die

Großherzoge von Baden und Berg, der Landgraf von
Hessen-Darmstadt, der Herzog von Nassau, die Fürsten von
Hohenzollern, Salm, Isenburg, Aremberg, Lichtenstein und von
der Leyen erklärten, sie erkännten das deutsche Reich nicht mehr
an, und sich als Rheinbund unter das Protektorat Napoleons stellten; als hierauf der hohe Protektor dieser deutschen Fürsten gleichfalls erklärte, er genehmige diese Ent-
schließung der deutschen Fürsten und erkenne auch seinerseits
das deutsche Reich nicht mehr an, da blieb dem letzten deutschen Kaiser nur übrig, am 6. August desselben Jahres sich
dieser unabänderlichen Nothwendigkeit zu fügen und die
deutsche Kaiserkrone niederzulegen. Damit hatte das tau-
sendjährige römische Reich deutscher Nation ein Ende.
Dieser 6. August, dieser Todestag des deutschen Reiches
müßte in jedem Jahre ein nationaler Trauertag des ganzen deutschen Volkes sein. Was aber damals begonnen
hat, ist sechzig Jahre später vollendet worden. Auch jetzt
ist wieder Oesterreich besiegt durch die Politik eines Napoleon,
und diesmal hat Preußen nicht nur dazu beigetragen durch
müßiges Zuschauen, sondern durch einen blutigen von ihm geführten Krieg. Wie damals das alte Kaiserhaus gezwungen wurde, seine deutsche Kaiserkrone niederzulegen, so ist
es jetzt gezwungen worden, dem Vorsitz am deutschen Bundestage zu entsagen, ja sogar aus Deutschland auszutreten.
Wer aber glaubt, daß Oesterreich mit seinen deutschen Erinnerungen, mit seinen deutschen Völkern, mit seinem Kaiser-

hause, das durch und durch deutsch ist und in den besten
deutschen Stämmen die Wurzeln seines Geschlechtes hat, auf
Grund papierner Verträge von nun an den deutschen Verhält=
nissen als Frembling gegenüber stehen könnte, der würde
sich sehr irren. Es ist nur ein doppeltes möglich: entwe=
der eine Gestaltung Deutschlands im Frieden mit Oester=
reich, oder eine Gestaltung, auf die Oesterreich als ein fort=
während schreiendes Unrecht hinblickt, die es zu stürzen
bereit ist, sobald es vermag. Nur eine Gestaltung in innig=
ster Vereinigung mit Oesterreich kann uns daher zum Heile
gereichen. Ebenso bedürfen wir aber einer staatlichen
Reorganisation, welche auch die berechtigten nationalen Ge=
fühle der deutschen Völker befriediget. So wenig wie das
deutsche Kaiserhaus und die deutschen Völker Oesterreichs
ihre Geschichte vergessen können, so wenig können wir
Deutsche überhaupt vergessen, daß Deutschland einst die
erste Nation Europas war, und daß es jene Kaiserkrone
bewahrte, welche die erste irdische Gewalt auf Erden dar=
stellte. Wenn wir auch auf diese erste Stelle verzichten
müssen, so gebührt uns doch unter den Völkern eine Stell=
ung, welche der Kraft des gesammten deutschen Volkes in
Wirklichkeit entspricht. Jede Verfassung, die dieses nicht
bietet, wird eine tiefe Unzufriedenheit zurücklassen, eine
Quelle ununterbrochener innerer Kämpfe werden.

Fassen wir nun aber näher ins Auge, welche Lösungen
der deutschen Frage denkbar sind, um unter ihnen das

zu wählen, was unter den gegebenen Verhältnissen möglich
ist und wenigstens einiger Maßen jenen Anforderungen ent=
spricht, so bieten sich uns folgende Wege dar.

Der erste Weg wäre ein einiges Deutschland gewesen
mit einer Reichsgewalt, alle deutschen Völker mit allen
Ländern, die durch ihre Geschichte zu Deutschland gehören,
umschließend und ihnen unter ihren angestammten Fürsten=
geschlechtern freie Selbstregierung, unbeschadet einer starken
Centralgewalt, gewährend. Zu diesem großen einigen Deutsch=
land hätte Oesterreich und Preußen mit allen seinen Län=
dern gehört, und sie hätten in demselben jene hervorragende
Stellung einnehmen müssen, die ihnen ihren Machtverhält=
nissen nach gebührt. Kein Interesse irgend eines deutschen
Volksstammes stand der Verwirklichung dieses Planes ent=
gegen; sie alle hätten vielmehr in demselben ihre höchste Befrie=
bigung erreicht. Nur Sonderinteressen und Familieninteressen
waren durch ihn gefährdet. Wenn Preußen und Oesterreich
sich vereinigten, war auch dessen Ausführung nicht nur mög=
lich, sondern leicht; denn er würde eine so allgemeine natio=
nale Begeisterung hervorgerufen haben, daß kein Volk der
Erde gewagt hätte, Widerspruch dagegen zu erheben. Die
Erfüllung dieses Gedankens war unsere Hoffnung bis vor
dem Kriege. Jetzt ist er, wie es scheint, nicht mehr mög=
lich ohne einen neuen blutigen Bruderkrieg mit allen seinen
Greueln und Wechselfällen, der dann ebenso gut zum Unter=
gange Deutschlands, als zu seiner Wiederherstellung führen

könnte. Wir glauben daher, daß wir, wenn auch mit dem größten Schmerze, aus Liebe zu unserm Vaterlande darauf verzichten müssen.

Ein zweiter Weg wäre eine Zweitheilung Deutschlands mit der Maingrenze gewesen; ein norddeutscher Bund unter Preußen und ein süddeutscher unter Oesterreich; beide mit ähnlicher Verfassung, mit ähnlicher Selbstständigkeit der Einzelstaaten und ähnlicher Macht der einheitlichen Reichsgewalt; und beide deutschen Bünde innig miteinander verbunden. Eine solche Gestaltung hat allerdings ihre große innere Gefahr, sie ist in der That eine Zweitheilung Deutschlands; allein wenn den beiden Bundeshäuptern je ein Fürsten= und ein Ständehaus zur Seite stünde und dadurch das einheitliche Bewußtsein der deutschen Nation Conflicte zwischen beiden Theilen unmöglich machte, so wäre diese Gestaltung, nachdem die volle Einheit des Reiches unmöglich geworden, die gerechteste und jene, welche den thatsächlichsten Verhältnissen am meisten entspräche. Auch die deutschen Fürsten hätten in solcher Unterordnung unter ein Bundeshaupt keine Rechtskränkung und keine Einbuße, vielmehr die theilweise Herstellung alter deutscher Rechtsordnung, eine Sicherung ihres Fürstenthums und der berechtigten Selbstständigkeit ihres Landes erblicken müssen.

Es lag in der Hand des Königs von Preußen, als er als Sieger die Bedingungen des Friedens feststellte, den einen oder anderen Weg einzuschlagen, dadurch einen hohen

Akt der Gerechtigkeit zu üben und die Interessen Preußens mit den Interessen Oesterreichs und denen des deutschen Volkes in Einklang zu bringen. Es ist leider nicht geschehen, und wir fürchten, nicht zum Heile Deutschlands. Wir hätten in dieser Verfassung, die zugleich die historischen Verhältnisse möglichst geschont hätte, einigermaßen eine Garantie für die Zukunft gefunden. Jetzt scheint auch diese Gestaltung unmöglich geworden, nachdem Oesterreich aus Deutschland ausgetreten ist und wir nicht einmal wissen, ob es nicht seiner inneren Zustände wegen auf jede deutsche Politik vorläufig zu verzichten beschlossen hat.

Ein dritter Weg für die Verfassung Deutschlands liegt vor uns in einer Dreitheilung: ein Nordbund, Oesterreich mit seinen deutschen Ländern, ein Südbund. Allein wir halten die Befürchtung derjenigen deutschen Patrioten und Staatsmänner für nur zu begründet, welche in diesem süddeutschen Staatenbund ohne Oesterreich ein Analogon des alten Rheinbundes, die höchste Gefährdung der Integrität Deutschlands, einen Tummelplatz auswärtiger Politik und einheimischer kleinlicher Intriguen, engherziger, dynastischer und Sonderinteressen und schließlich einen Herd aller pseudoliberalen und radikalen Elemente und in allem diesem ein Verderben für Deutschland nach Innen und Außen erblicken. Aber auch abgesehen von alle dem, scheint uns die Lage dieser Mittelstaaten, wenn sie auf sich selbst angewiesen sind, unhaltbar. Wenn nicht einen Bund unter Oesterreich bil-

benb, werden sie unfehlbar entweder von dem preußisch=
deutschen Einheitsstaat verschlungen werden, zugleich mit
den noch bestehenden Kleinstaaten des Nordbundes — oder
sie müssen sich mit den Nordstaaten unter Preußens Führung
zu einem über ganz Deutschland mit Ausnahme Oesterreichs
sich erstreckenden Bundesreiche vereinigen.

Wohl wissen wir, daß ein tiefberechtigtes Gefühl der
Empörung gegen die Ungerechtigkeit und Gewaltthat, gegen
die dem Erfolge dargebrachte Huldigung, viele achtbare
Männer der verschiedensten Richtung, Demokraten und Ka=
tholiken, in Süddeutschland bestimmt, sich einem solchen
Anschluß an Preußen entgegenzusetzen und auf jede Gefahr
hin die Gründung eines süddeutschen Bundes ohne Oester=
reich und ohne Preußen vorzuziehen — allein es scheint uns
diese Politik mehr das Produkt eines achtungswerthen Ge=
fühles zu sein, als irgend eine Hoffnung auf reellen Erfolg
zu besitzen; und wir stehen daher vor der Frage, ob der von
Heinrich v. Gagern zur Zeit des Frankfurter Parlamentes
ausgesprochene Gedanke eines deutschen Bundesstaates unter
Führung des Königs von Preußen mit Wahrung der recht=
mäßigen Selbstständigkeit der deutschen Fürsten und Länder
und in engem und unauflöslichem Bündnisse mit Oesterreich
nicht allein jene Gestaltung Deutschlands sei, in welcher bei
den bestehenden Thatsachen das, was von den Hoffnungen
aufrichtiger Vaterlandsfreunde noch übrig geblieben, gerettet
und das größte unter allen Uebeln, nämlich der völlige Ruin

Deutschlands und dessen schmachvolle Abhängigkeit vom Auslande abgewendet werden kann.

Wir müssen daher diesen Gedanken um so mehr ins Auge fassen, da offenbar, wenn nicht neue gewaltige Katastrophen dazwischen treten, die Macht der Verhältnisse und gewichtige Gründe zu demselben hindrängen und auch solche, die nur mit dem größten Schmerze auf die Vereinigung des ganzen deutschen Vaterlandes verzichten und nur mit tiefster Wehmuth das alte Kaiserhaus von uns getrennt sehen, ihn als den fast allein möglichen betrachten müssen. Was zu diesem Anschluß der süddeutschen Lande an den Nordbund hindrängt, ist vor Allem die bedenkliche Weltlage. Denn diese ist der Art, daß sie eine rasche Lösung der deutschen Frage fordert. Findet uns die nächste große Katastrophe in Europa, die täglich eintreten kann, in dem jetzigen schwachen und zerrissenen Zustande, was wird dann aus Deutschland werden? Ohne Verblendung kann man nicht verkennen, daß wir dann Gefahr laufen in die tiefste Erniedrigung der französischen Zeit zurückzusinken, ohne die Gewißheit zu haben, daß ein zweiter Befreiungskrieg uns wieder aus derselben retten werde. Wir bedürfen einer schnellen Lösung der deutschen Frage, und diese scheint im Augenblick nur noch der Anschluß an den Nordbund und ein inniges Bündniß mit Oesterreich zu bieten. Alle anderen Pläne scheinen unter den obwaltenden Verhältnissen unausführbar und von tausend Zufälligkeiten abhängig. — Dazu kommt zweitens, daß eine ganz Deutschland, wenn auch mit Ausnahme Oesterreichs umfassende Vereinigung jedenfalls dem nationalen Bewußt= sein eine größere Befriedigung bietet, als die trostlose der= malen bestehende drei= oder vielmehr sechsfache Getheiltheit. Ja sie würde selbst die Macht und das Ansehen Deutsch= lands nach Außen größer machen, als sie zur Zeit des Bundes war, vorausgesetzt, daß das unter Preußens Führung geeinigte Deutschland das innige und unauf= lösliche Bündniß mit Oesterreich als seine erste und wichtigste Aufgabe betrachtete. Denn nie dürfte vergessen werden, daß dieser neue Bund nur einen, wenn auch den größeren Theil Deutschlands bildete und daß ein anderer großer Theil zu Oesterreich gehört, daß daher diese beiden Theile Einer Nation sich nicht als fremd betrachten oder als fremde Völker nur internationale Beziehungen un= terhalten dürfen, sondern vielmehr ein solches unauflösliches Bündniß gründen müssen, wie es zwei Theilen derselben Nation rechtmäßig und naturnothwendig zukömmt. Und wohl hätte Preußen, dessen Ehrgeiz dann wahrlich sein höchstes Ziel gefunden, bei den großen moralischen Schulden, die es Oester= reich gegenüber hat, allen Grund und das größte Inte= resse, dieses Bündniß so fest als möglich zu knüpfen und für Oesterreich so vortheilhaft als möglich zu machen. Nur so könnte Preußen auch in Deutschland alle Diejenigen mit sich versöhnen, die durch die letzten Alliancen Preußens mit der Revolution und durch den Kampf gegen Oesterreich mit

Hilfe solcher Bundesgenossen in ihrem Rechtsgefühle und allen ihren heiligsten Ueberzeugungen tief gekränkt sind.

Endlich wird für diesen Anschluß der Umstand in die Wagschale fallen, daß er die Heilung der inneren Uebel= stände der jetzt eines jeden Haltes beraubten Mittelstaaten erleichtert. Die politischen Verhältnisse in den Nord= und Süddeutschen Staaten sind unter einander homogener, als im Verhältniß zu dem österreichischen Kaiserstaate. Es ist daher leichter, eine gewisse Uebereinstimmung der Institu= tionen herzustellen. Mit Oesterreich scheint das nur nach Austrag seiner eigenen inneren Verfassungskämpfe möglich. Jeder Aufschub aber einer Regelung und Befestigung der inneren Verhältnisse der deutschen Länder erscheint fast nicht minder Gefahr bringend, als unsere völlige Zerrissen= heit dem Auslande gegenüber.

Wenn aber die Vereinigung des deutschen Südens mit dem deutschen Norden unter Preußens Führung und in unauflöslichem Bunde mit Oesterreich eine Hoffnung auf Gedeihen haben und das deutsche Rechtsbewußtsein zufrieden stellen soll, so muß die berechtigte Selbstständigkeit der deutschen Länder darin ihre sichere Gewährung finden und muß Preußen auf den schließlich nur zur Revolution füh= renden absoluten Einheitsstaat verzichten und nicht die Meh= rung seiner Hausmacht, sondern die Größe und Freiheit Deutschlands und in ihm aller deutschen Stämme, Länder und Fürsten als seine Aufgabe betrachten. In dieser Be=

ziehung müssen wir es nicht nur als ein Unrecht an der deut=
schen Geschichte, sondern auch als einen großen Fehler der in=
neren und der äußeren Politik betrachten, daß Preußen, anstatt
sich mit dem Primate im Nordbunde zu begnügen, einen
Theil der Länder annectirt hat. Jeder Schritt auf dem
Wege nivellirender Centralisation ist nur ein Schritt näher
zum Umsturz. Preußen hätte sich selbst innerlich weit mehr
befestigt, wenn es sich mit einer kräftigen Centralgewalt be=
gnügt, dagegen die alten Fundamente deutschen Rechtes und
deutscher Geschichte stehen gelassen hätte. Sie wären für es
selbst eine Stütze geworden. Die Verfassung des Nordbundes
wird uns in den nächsten Tagen zeigen, was wir in dieser
Hinsicht zu erwarten haben. Es wird viel davon abhängen,
daß da das rechte Verhältniß zwischen der Centralgewalt
und der Selbstregierung der Einzelländer gefunden wird.

Damit wenden wir uns nun den inneren Fragen zu.
In Preußen selbst besteht ein tiefer Gegensatz der Parteien, ein
innerlicher Kampf, der schon oft den preußischen Staat nahe
an den Abgrund des Verderbens gebracht hat. Die Par=
teien ruhen jetzt alle, überrascht und in ihren bisherigen
Plänen und Bestrebungen zugleich gestört durch die über=
wältigenden Erfolge der letzten Tage. Es ist wahrhaft ein
Strich durch all' ihre Rechnungen gemacht worden. Sie
werden aber bald wieder unter veränderten Verhältnissen
in neuer Form ihren alten Kampf aufnehmen. Durch die
neuen Länder, welche Preußen erworben hat, wird dieser

Kampf der politischen Parteien wesentlich vermehrt werden,
und wenn die Grenzen des Nordbundes auch über die süd=
deutschen Mittelstaaten sich ausdehnen sollten, so würde er
einen mächtigen neuen Zuwachs erhalten. Preußen geht deß=
halb großen inneren Kämpfen um so sicherer entgegen, je
länger der äußere Frieden dauern wird. Dabei wird es
von nun an für Alles selbst verantwortlich gemacht werden,
und nicht mehr die Schuld weder auf den Bund noch
auf Oesterreich als bequeme Sündenböcke ablagern können.
Die Situation verändert sich dadurch vollständig für Preußen.
Alle Elemente der Revolution in Deutschland haben bisher
Preußen geschont und es gegen Oesterreich unterstützt.
Sie werden jetzt nach und nach anfangen, für diesen Dienst
ihre Rechnung zu stellen. Der Ruf „durch Einheit zur
Freiheit" — Freiheit natürlich nur im Sinne unbeschränk=
ter Herrschaft der Partei verstanden — wird das Feldge=
schrei der Parteien werden. Bei Besprechung der großen
inneren Fragen werden wir zunächst Preußen ins Auge
fassen, dessen innere Verhältnisse für ganz Deutschland ge=
genwärtig von doppelt entscheidendem Einflusse sind. Die
allgemeinen Wahrheiten, die wir aussprechen werden, haben
übrigens auch für alle deutschen Staaten Geltung.

X.

Die innere Politik.

———

Die zweite Bedingung einer glücklichen Zukunft für unser deutsches Vaterland ist die Befolgung einer richtigen inneren Politik.

Es wird oft übersehen, daß die inneren Fragen in allen modernen Staaten, in allen Staaten, die an den Zeitbewegungen, an den geistigen Strömungen der Zeit theilnehmen, nicht nur die wichtigsten, sondern auch weitaus die schwierigsten sind. Noch kein moderner Staat, der sich den Staatsideen der Neuzeit hingegeben, hat es zu irgend einer inneren Ausgleichung und Beruhigung gebracht. Aeußere Kriege treten in unserer Zeit, wie wir gesehen, hauptsächlich ein nicht der äußeren Verwickelungen, sondern der inneren Lage wegen und haben nicht mehr in sich selbst den Grund, sondern in den

inneren Verhältnissen. Mögen sie allen europäischen Re=
gierungen schon ihrer finanziellen Verhältnisse wegen noch
so lästig sein, so werden dennoch alle, wie das Schiff in den
Wirbel, hineingezogen, wenn das Staatsschiff an der Stelle angekommen ist, wo es ohne äußeren Conflict die innere Krankheit
nicht mehr überwinden kann. Man spricht gerne die Hoffnung
auf allgemeinen Frieden aus und gewiß könnten wir uns vom
Geiste des Christenthums aus diesen Hoffnungen nur mit ganzer
Seele anschließen, wir sind aber weit davon entfernt, so lange
das innere Staatsleben so schabhaft ist, daß es äußere Eruptio=
nen nothwendig macht. Deutschland und insbesondere Preußen
ist aber vielleicht das Land, wo diese inneren Kämpfe mit der
tiefsten Leidenschaft und daher auch mit der größten und ver=
derblichsten Verblendung geführt werden; wo namentlich der
Doctrinarismus seine Parteisysteme bis zum vollenbeten
Fanatismus treibt. Alle Interessen concentriren sich deß=
halb auf den Punkt, ob es in diesem Bunde unter Preußen
gelingen wird, für die innere Politik der so verbundenen
Staaten wahre, gerechte, gesunde Grundsätze zu finden, die
getragen von einer starken Regierung, wahrhaft zu einem
inneren Frieden führen können; zu einem inneren Frieden,
so weit er überhaupt auf Erden möglich, so weit er die
nothwendige Bedingung ist zu einem geordneten ruhigen
Staatsleben. Nicht äußere Siege, sondern innere Siege
thun uns Noth; nicht dadurch ist die Zukunft Deutsch=
lands und Preußens gesichert, daß immer nach Verlauf

einiger Jahre auf den blutigen Schlachtfeldern Siege errin=
gen werden, die sich so leicht in Niederlagen verwandeln
können, sondern dadurch daß innerlich feste Fundamente
gelegt werden, die den Staat aus dieser Schaukelbewegung
herausbringen, von der wir alle modernen Staaten ergriffen
sehen; eine Schaukelbewegung, der man täglich nur mit
Angst zusieht in Erwartung des Augenblicks, wo der Staat
das Gleichgewicht verliert und in Trümmer geht. Graf
Bismarck hat unglaubliche Resultate erreicht; er hat gegen
alles Erwarten eine Kammermajorität, die durch den größ=
ten Theil des preußischen Volkes getragen und von ganz
Deutschland unterstützt war, überwunden und sie gezwungen,
ihm Indemnität und Alles zu bewilligen, was er nur
wünscht; er hat in der auswärtigen Politik Erfolge erzielt,
die ebenso unglaublich und überraschend sind; und dennoch
können wir über den bleibenden Werth seines Wirkens für
Preußen erst dann urtheilen, wenn wir das System seiner
inneren Politik kennen lernen werden. Bis dahin wissen
wir noch nicht, ob er ein glücklicher Spieler ist, der in einer
Nacht verlieren kann, was er in einer anderen gewonnen
hat, oder ob er ein Staatsmann ist, der für die Zukunft
baut. Die inneren politischen Fragen sind die großen Zeit=
fragen, von deren Lösung die Zukunft der europäischen
Staaten abhängt. Nur wenn Preußen in seiner inneren
Politik die rechten Wege einschlägt und diesen Impuls auch
jenen Staaten mittheilt, die sich seiner Führung hingeben,

kann es dauernde Verhältnisse begründen und eine bleibende Machtstellung gewinnen; sonst wird die Revolution die Rache für Königgrätz übernehmen.

Von dieser Ueberzeugung über die Wichtigkeit der inneren Politik geleitet, wollen wir nunmehr die verschiedenen Richtungen in und außer Preußen, die sich in derselben geltend machen wollen, näher ins Auge fassen und unsere Ansicht über die wahren Grundsätze der inneren Politik aussprechen.

Eine Richtung in Preußen geht auf den monarchischen Absolutismus, ein absolutes preußisches Königthum aus. Sie hat an Stärke wesentlich gewonnen durch die inneren Verfassungskämpfe und die vielen unseligen Erscheinungen, die mit denselben verbunden waren. Viele in Preußen glauben, daß nur durch ein Zurückgreifen auf die früheren Zustände, auf die Vollgewalt des preußischen Königs, aus diesem Wirrsal, das Preußen bis an den Abgrund des Verderbens gebracht habe, herauszukommen sei. Dieser Richtung schließen sich alle jene an, die mit dem preußischen Königthum eine Art religiösen Cult treiben und die Ueberzeugung haben, daß das preußische Königthum etwas Einziges in der Welt sei, das durch eine besondere göttliche Vorsehung das Heilmittel für alle Uebel der Welt in sich trage. Es gehört diese Anschauung einer eigenthümlichen Färbung des Protestantismus in Preußen an. Wenn wir aber auch die Gefühle theilweise achten, aus welchen diese

Bestrebungen hervorgegangen sind, so können wir dieselben doch nur als gefährliche Irrthümer betrachten, die nicht zum Heile gereichen würden, wie sie zur Ausführung kämen. Wenn wir die Regentengaben mancher preußischer Könige gern anerkennen und von ganzem Herzen wünschen, daß Gott auch in Zukunft die preußischen Könige mit allen Fürstentugenden ausstatte, so möge man sich doch hier verderblichen Phantasiebildern nicht hingeben. Die preußischen Könige sind und bleiben Menschen, wie wir alle sind; von ihrer Mitwirkung wird es abhängen, ob sie gute oder schlechte Fürsten werden. Auf gute werden weniger gute folgen, und die Annahme, daß alle preußischen Könige durch eine providentielle Leitung vor großen Verirrungen bewahrt seien, scheint uns die preußische Geschichte selbst, mag man sie auch noch so sehr idealisiren, doch hinreichend zu widerlegen. Wie wir daher jeden Absolutismus für verderblich halten, so würde der Versuch, ein absolutistisches preußisches Königthum herzustellen, die unseligsten Folgen haben; er würde keinen inneren Frieden bringen.

Eine verwandte Richtung ist jene, die von einem preußischen Militärstaat, einem absoluten preußischen Kriegesherrn das Heil für Preußen und für Deutschland erwartet. Es sind schon Stimmen in Preußen laut geworden, selbst in einflußreichen Organen, die diesen Gedanken mit der äußersten Schärfe ausgesprochen haben. Ein solcher preußischer Militärstaat, wo das Volk in Waffen, das aber

auch deßhalb, weil es unter dem Gewehre steht, keinen
eigenen Willen haben darf, als das allein maßgebende Volk
betrachtet würde, wäre freilich der kürzeste Weg, um augen=
blicklich über alle inneren Schwierigkeiten hinwegzukommen.
Wir begreifen auch bei dem Werthe, den man in Preußen
mit vollem Recht auf die preußische Militärverfassung legt,
bei dem Selbstgefühl, von dem das preußische Heer durch=
drungen ist, bei dem Eindruck seiner großen Siege, die
es in diesem Jahre errungen hat, bei dem Hinblick zugleich auf
das viele Misère der inneren Zustände, daß treue Diener ihres
Königs auf diesen Gedanken verfallen können. Der kürzeste
Weg ist aber nicht immer der rechte Weg, und ein Mittel,
das augenblicklich hilft, deckt das Uebel oft nur äußerlich
zu, ohne es innerlich zu heilen. Wer die Entwickelung des
menschlichen Geistes in unserer Zeit vor Augen hat und
zugleich die Natur der germanischen Völker berücksichtiget,
kann unmöglich glauben, daß ein preußisches Militärkönig=
thum ruhige, befriedigende innere Verhältnisse schaffen könnte.
Mag man die Militärdisciplin noch so hoch anschlagen;
sie allein genügt wahrlich nicht; dazu ist die Bestimmung,
die Gott unserem Volke gegeben hat, zu hoch. Ein reiner
monarchischer Militärstaat würde bald in sich selbst zu
Grunde gehen.

Eine dritte Richtung hat ihren Sitz in jener Partei,
die zur Zeit der neuen Aera in der Kammermajorität ge=
herrscht hat. Sie ist identisch mit den Kammermajoritäten

der übrigen deutschen Staaten. Da sowohl für das Wahl=
recht, wie für die Wählbarkeit in dem Constitutionalismus,
wie er sich bisher ausgebildet hat, lediglich der Vermögens=
besitz entscheidend ist, und da dieser Geldmaßstab noch durch
die Einrichtung der indirecten Wahlen an Macht gewinnt,
so haben wir in dieser Art von Constitutionalismus zu=
gleich den Geldstaat und in dem Bestreben die Majori=
täten in diesen Kammern alleinherrschend zu machen, den
Absolutismus des Kapitals. Daher trägt auch das ganze
Staatswesen in den Staaten, die sich nach diesem Princip
entwickelt haben, durchaus den Charakter der Geldherr=
schaft an sich. Die Intelligenz dieser Kammermajoritäten
ist die Intelligenz des Materialismus in Verbindung
mit der Herrschaft des Kapitals. Die Interessen des
Kapitals sind dann die einzigen wahren Interessen der
Menschheit. Die ganze Staatsmaschine hat keine andere
Aufgabe, als den Interessen der Stände zu dienen, die das
Kapital in Händen haben. Bildung, Fortschritt ist ihm
Geldgewinn und Geldgenuß; alle anderen höheren Inter=
essen der Menschheit und des Christenthums sind ihm Ver=
dummung, Ultramontanismus, Jesuitismus. Diese Geld=
sack=Intelligenz, die uns in der Vergangenheit das Heil=
mittel aller Uebel bringen wollte und uns dasselbe für die
Zukunft verspricht, kann uns natürlich keine glückliche Zu=
kunft bringen. Da müßte man zuerst das Mittel erfinden
den Geist des Menschen in der Materie und im Geldbeutel

zu erſticken. Eine innere Politik, die ſich ihr ergibt, führt
unfehlbar zum Ruin.

Im Gegenſatz zu dieſer Herrſchaft des Kapitals ſtehen die
Forderungen der Führer des Arbeiterſtandes. Der ſocial=
demokratiſche Staat ſoll die wachſende Noth des Arbeiter=
ſtandes heilen, welche die volkswirthſchaftlichen Lehren der
Neuzeit hervorgerufen haben; die Idee des abſoluten Staa=
tes ſoll den Intereſſen der Arbeiter dienſtbar werden, wie
ſie bisher den Intereſſen der Stände diente, die das
Kapital in Händen haben. Auf dem Standpunkt, den die
Wortführer dieſer Partei in der Gegenwart einnehmen,
wäre dieſer ſocial=demokratiſche Staat wieder nicht viel
mehr als moderner Conſtitutionalismus in Händen des
Arbeiterſtandes oder vielmehr in Händen einiger Führer
deſſelben; ganz dieſelbe Maſchine, nur mit verändertem
Locomotivführer. Es genügt, ganz oberflächlich die na=
menloſe Armſeligkeit, die unter den Wortführern dieſer
Partei, welche ſich vor Allem ihrer feſten Organiſation
rühmte, nach wenigen Tagen ihres Daſeins hervorge=
treten iſt, zu kennen, um ſich einen Begriff von der
Verwirrung zu machen, die mit dem Siege derſelben über
das ganze ſtaatliche Leben hereinbrechen würde. Wir ſind
freilich davon noch weit entfernt, wir müſſen aber ohne
Unterlaß im Auge behalten, daß der reine Induſtrie= und
Geldſtaat nothwendig zu dieſer Conſequenz und damit zur
ſocialen Revolution führt, denn der ſocial=demokratiſche Staat

wäre nichts anderes als ein wilder Kampf der Parteien
unter einander, der schließlich nur durch neue Gewaltherr=
schaft beendigt werden könnte.

Alle diese Irrwege der inneren Politik, die wir be=
zeichnet, haben aber einen gemeinschaftlichen Boden in
dem doctrinären Absolutismus, nämlich in der Geistes=
richtung, ein selbstgemachtes politisches System für das un=
fehlbare Heilmittel zu betrachten und es dann zum unbe=
schränkten Princip des Staatslebens zu erheben, sei es nun
absolute Monarchie mit religiöser Färbung, absoluter Mili=
tärstaat, absoluter Constitutionalismus als Herrschaft des
Kapitals oder der Arbeiter; sie alle sind Formen e i n e s Sy=
stems, der Gedanke des absoluten Staates in vier Formen;
w e s e n t l i c h aber dasselbe. Diese Richtung ist eine Zeit=
krankheit, die wieder ihren Grund hat in dem Subjectivis=
mus, dem so viele unserer Zeitgenossen gänzlich anheimge=
fallen sind, seitdem sie sich von der wohlthätigen Leitung
einer göttlichen Lehrautorität losgesagt haben. Er beherrscht
die Geister; er erzeugt alle diese falschen Staatssysteme,
und jedes System sammelt um sich eine Zahl fanatischer
Anhänger, die in der rücksichtslosesten Verfolgung ihrer
Systeme das alleinige Heil der Welt suchen.

Eine andere Richtung endlich, die sich in der Gegen=
wart der inneren Politik bemächtigt und sie leiten will,
verzichtet eigentlich auf jedes System; sie glaubt weder an
die siegende Kraft höherer Gedanken, noch an den Werth

sittlicher Grundlagen für den Staat, und erwartet deßhalb
alles Heil von einer schlauen, gutberechneten, starken Verwaltung. Auch für sie, die eigentlich an dem Höheren
in der Menschheit verzweifeln, ist uns Frankreich ein
Vorbild in seinem Imperialismus. Dieser Imperialis=
mus ist alles und nichts; er ist Freiheit, excessive Frei=
heit in der Form, in den Worten, und Despotismus,
schrankenloser Despotismus in der Sache. Er ist ein System
voll Lug, ruht auf Corruption und führt zur Corruption
und hat seine innere Kraft und Energie in einem überaus
geschickt eingerichteten Verwaltungssystem, das wir am besten
als das napoleonische Präfectursystem kennzeichnen. Dieses
corrumpirende Verwaltungssystem als einziges Heilmittel
der Regierung, um sich gegen die Zeitbewegungen zu
schützen, ist eine große Gefahr für alle Staatsmänner, die
auf die höhere sittliche Grundlage des Lebens verzichtet
haben. Leider zählt dasselbe System auch in Deutschland
viele Verehrer; es ist in manchen deutschen Staaten bereits
tief eingedrungen und in vielen Spuren auch in der preu=
ßischen Verwaltung zu entdecken. Aber solche Mittel kön=
nen uns wahrlich nicht helfen, und es wäre eine unselige
Verblendung, wenn deutsche Staatsmänner zu ihnen ihre
Zuflucht nehmen wollten, um über die inneren Schwierig=
keiten Herr zu werden. Sie sind für den Staatsorganis=
mus, was Opium für den Körper des Kranken ist; es
schläfert ihn ein, daß er seine Krankheit augenblicklich nicht

fühlt; wenn er aber erwacht, so hat er, nur unbewußt, einige Schritte näher dem Tode gemacht. Ein corrumpi- rendes napoleonisches Verwaltungssystem mit dem Lügen- scheine, an der Spitze aller freiheitlichen Entwickelungen der Zeit zu stehen, kann unsere inneren Zustände nicht heilen, weil uns die Lüge nicht heilen, nicht helfen kann.

Nachdem wir bisher die falschen Richtungen der Zeit, die für die innere Politik maßgebend sein wollen, bezeichnet haben, wollen wir ihnen einige wahre Grundsätze entgegen- stellen. Es kann dabei natürlich nicht unsere Absicht sein, in das Einzelne einzugehen, sondern nur einige allgemeine Gesichtspunkte hervorzuheben.

Die erste Forderung, welche wir an eine gesunde innere Politik stellen müssen, ist Achtung vor der Religion und den sittlichen Grundlagen, auf denen alle menschlichen Verhält- nisse ruhen, weil der Mensch vor Allem ein religiöses und sittliches Wesen ist. Das innerste Wesen dessen, was wir Macchiavellismus nennen, ist eine Politik ohne Gott, eine Politik ohne Religion, eine Politik ohne Sittlichkeit, eine Politik lediglich des Calcüls, der nächsten Zweckmäßig- keitsberechnung, der Anwendung aller, auch der unsittlich- sten Mittel, um diesen Zweck zu erreichen. Dieser Mac- chiavellismus in der Politik ist immer in der Welt gewe- sen; er hat aber in dem Maße zugenommen, wie die Menschen sich von Gott abgewendet haben. Man hat in neuerer Zeit denselben insbesondere den katholischen Höfen vor-

geworfen; insofern mit einem gewissen Scheine, als er sich an
einen katholischen Namen knüpft und als Macchiavelli sein Werk
il Principe für italienische Fürsten, für die Medicäer geschrieben
hat. Im Uebrigen geht es mit diesem schlechten System,
wie mit dem ihm verwandten Grundsatz: der Zweck heiligt
die Mittel; wir werden beide nicht los, wenn wir sie an=
deren vorwerfen; es ist wahrer, anzuerkennen, daß sie böse
Principien in sich schließen, denen alle Regierungen ver=
fallen können, sie mögen einer Religion angehören, welcher
sie wollen, weil alle der Sünde und dem Irrthum zugäng=
lich sind; und besser als hin= und herzerren, um das Böse
Anderen vorzuwerfen, ist es daher, wenn wir uns vereinen,
es zu meiden. Macchiavellismus kann an allen Höfen herr=
schen, katholischen wie protestantischen, und er hat an vie=
len geherrscht und leider die innere Politik der Regierun=
gen in den letzten Jahrhunderten nur zu viel beschädigt.
Dieser reinen Nützlichkeitsberechnung, nach dem kleinen Um=
fang menschlicher Einsicht, ohne Rücksicht auf die ewigen
Grundsätze der Gerechtigkeit, der Wahrheit und der Sitt=
lichkeit fallen unaufhaltsam alle Staatsmänner anheim, die
selbst innerlich von der Religion getrennt sind. Der Mangel
an wahrer Achtung vor der Religion, an Erkenntniß der
sittlichen und der religiösen Fundamente, auf denen auch
die staatlichen Verhältnisse der Menschen beruhen, ist der
tiefste Grund der vielen inneren Schwierigkeiten, in welche
die modernen Staaten gerathen sind.

Wenn wir aber die Achtung vor der Religion, die Achtung vor der religiösen Ueberzeugung des Volkes und die Kundgebung dieser Achtung, wenn wir die Anerkennung, daß die Grundlage der bürgerlichen Ordnung nicht eine verschmitzte, schlaue Politik, sondern die religiöse sittliche Gesinnung des Volkes ist, als die erste Bedingung einer gesunden, zu dauernden Zuständen führenden inneren Politik fordern, so sind wir weit davon entfernt, damit sagen zu wollen, daß der Staat Religion machen soll. Wir werden uns darüber später weiter aussprechen; wir wollen nur hier schon gegen diese Mißdeutung uns auf das Entschiedenste verwahren. Jedes Religionmachenwollen durch den Staat führt zu einer anderen Art von Macchiavellismus, der dann nur um so gefährlicher wird. Wie dieser seinem Wesen nach ein System schlauer politischer Berechnung ist, das sein Ziel mit allen Mitteln verfolgt, so wird dann selbst die Religion leicht ein Mittel zu schlechten politischen Zwecken. Macchiavelli hat dies geradezu ausgesprochen, indem er die Frechheit hatte zu sagen, der Fürst müsse dem Volke gegenüber Religion zeigen, er brauche selbst aber keine Religion zu haben. Wie viele Fürsten haben die Religion in diesem Sinne mißbraucht. Wir wünschen wahrhaft nicht solche Könige wieder, die sich die allerchristlichsten nennen und als solche gepriesen werden, die Kirche und Religion aber nur beschützen, um sie zu Werkzeugen ihrer Politik zu machen. Wenn wir daher Achtung vor der Religion fordern als erstes Princip einer

guten inneren Politik, so sind wir doch unendlich weit da=
von entfernt, damit ein Religionmachen durch den Staat
fordern zu wollen. Die Religion ist nicht unmittelbar Auf=
gabe des Staates, sondern Aufgabe der christlichen Kirche;
er soll sich daher auf seine eigene, ihm von Gott gestellte
Aufgabe beschränken, er soll aber die Religion ehren und
achten, er soll dem Glauben seines Volkes gegenüber die
höchste Rücksicht nehmen, er soll anerkennen und davon er=
füllt sein, daß durch die Religion in dem Herzen des Volkes
jene sittlichen Grundlagen gelegt werden, ohne die er nim=
mermehr bestehen kann.

Wir fordern zweitens in Folge dieser Gesinnung An=
schluß der Regierung an die religiösen und sittlichen, an die
christlichen Elemente im Volke, und verwerfen jedes Buhlen
mit den schlechten und gottlosen Zeitrichtungen. Das letz=
tere war bisher in manchen Kleinstaaten im höchsten Grade
der Fall. Wenn wir sagen in manchen Kleinstaaten, so
wollen wir die Großstaaten nicht ganz davon freisprechen;
in den Kleinstaaten sind aber gewisse Uebelstände weit mehr
ausnahmlos geworden, so daß sie das ganze Staatswesen
durchdringen. Wir sagen dagegen gewiß nicht zuviel, wenn
wir behaupten, daß es deutsche Staaten gegeben hat, in
benen die innere Verwaltung in dem feindlichsten Gegen=
satze zu dem ganzen sittlich=religiösen Leben des Volkes sich
befand, so daß man hätte glauben sollen, die Regierung
habe eigentlich nur Einen Feind, die Religion des Volkes.

Diese Gesinnung wurde dort vielfach gehegt und getragen von dem Beamtenstand. Kein Stand verhielt sich als Stand dem christlichen Volksleben gegenüber so kalt, so fremd, so antipathisch in jenen Gegenden, als gerade er. Von keinem wurden alle religiösen Pflichten so geringschätzig, so öffentlich außer Acht gelassen, als von ihm. Wenn es sich um irgend eine öffentliche Huldigung des Zeitgeistes handelte, so sah man dieselben Männer mit der servilsten Eilfertigkeit sich vordrängen, die ihre Verachtung jeder Religion so recht absichtlich täglich dem Volke zur Schau trugen. Diese antichristliche Gesinnung zeigte sich bis in die letzten Stufen der Beamtenhierarchie herab, wo sie das Volk unmittelbar berührt. Sie wählte nie einen, wenn auch noch so tüchtigen, aber entschieden religiösen Mann zum Gemeindebeamten, zum Amtmann, Bürgermeister, Schultheiß u. s. w.; dagegen sah man nicht selten diejenigen ausgewählt, von denen das ganze christliche Volk wußte, daß sie der Religion gänzlich entfremdet oder selbst feindlich seien. Es war nicht selten so weit gekommen, daß nach der Ueberzeugung des christlichen Volkes eine entschieden religiöse und sittliche Haltung eine Makel in den Augen mancher Staatsbeamten war; daß man deßhalb bei allen Beziehungen mit denselben nichts sorgfältiger vermied, als die Kundgebung einer religiösen Gesinnung. In manchen Landstädten, wo die Beamten einen vorwiegenden Einfluß übten, war Maßstab der fortschreitenden Irreligiosität die Zahl des Beamtenstandes. Man

konnte ohne Weiteres in der Regel schließen: Je mehr Be=
amte dort sind, desto verbreiteter in der Bürgerschaft Religions=
gleichgiltigkeit und deren traurige Folgen. Deßhalb können
wir uns auch nicht wundern, wenn der Beamtenstand viel=
fach der revolutionären Bewegung den geringsten Widerstand
entgegenstellte. Manche Fürsten hatten in keinem Stande
weniger wahre treue Freunde als in ihm, troß der Erge=
benheit, die zur Schau getragen wurde. Nichts hat vielleicht
die sittlichen Grundlagen des Staates in der Gesinnung
des Volkes tiefer zerrüttet, als einestheils diese wegwer=
fende Geringschäßung gegen das ganze religiöse Leben
des Volkes, und anderntheils diese Deferenz und Reverenz
desselben Standes gegen die schlechtesten Zeitrichtungen. Der
preußische Cultusminister hat im vorigen Jahre in dem
Abgeordnetenhause die Worte gesprochen: „Allein in dem
Glauben an den lebendigen Gott, wie er in der heil. Schrift
des alten und neuen Testamentes geoffenbart ist, und in
dem Gehorsam gegen seine Gebote erkennt die Staatsregier=
ung die sichere Bürgschaft für die Wohlfahrt der Nation.
Indem sie zu diesem Glauben sich bekennt, wird sie in ihm
Maß und Richtschnur finden für ihre legislatorische Thätig=
keit." Das sind Worte, die das deutsche Volk lange nicht
mehr von deutschen Ministern gehört hat und die in manchen
deutschen Kammern kein Minister auszusprechen auch nur
wagen würde. Ein ähnliches Wort würde in diesen Län=
dern durch einen großen Theil der Presse ein Geschrei und

einen Scandal veranlassen, als ob der Minister den größten Staatsverrath begangen hätte. Der Staat, in welchem das, was der preußische Minister hier gesprochen, zur Wahrheit würde, und wo dieser Geist dessen Beamte erfüllte, würde alle sittlichen und religiösen Kräfte im Volke zu Bundes= genossen gewinnen.

Wir fordern drittens für ein gesundes politisches Leben einen vollständigen und gründlichen Bruch mit der Nachäfferei französischer Staatsformen. Unsere politische Gesinnung, unsere politischen Begriffe und Anschauungen müssen wieder deutsch werden. Wir müssen wieder auf deutschem Fundamente unser deutsches Staatswesen aufbauen, nicht den Formen nach, wie wir sie in den letzten Jahr= hunderten vorfinden, aber den Ideen nach, die das ger= manische Staatswesen durchbrungen haben. Das Deutschland der letzten Jahrhunderte war schon vielfach nicht mehr Deutsch= land. Der Geist, der einst das ganze bürgerliche politische Le= ben beherrschte, ist, wir wiederholen es, vom deutschen Volke gewichen, als der monarchische Absolutismus mehr und mehr um sich griff, Alles absorbirte und dem liberalen Absolu= tismus die Bahn brach. Für diese Geistesrichtung ist dann Frankreich das Musterland geworden und zugleich die Quelle der ganzen modern=politischen Bildung. Wir werden nie zu einem ruhig fortschreitenden inneren politischen Leben kommen, so lange wir immer nach fremden Mustern schauen und gedankenlos nachschwätzen, was uns dort vorgeschwätzt wird. Ein Volk, das sich von dem Geiste abwendet, den die Vorsehung in seine Geschichte gelegt, verliert seinen sicheren Halt und geräth in endlose politische Schwankungen.

Wir fordern deßhalb ein Staatswesen mit deutscher Freiheit, nicht mit Franzosenfreiheit; mit Freiheit dem Inhalte nach, nicht mit Freiheit der bloßen Form nach, mit wahrer persönlicher Freiheit. Wir können den Unterschied in einer kurzen Form fassen: Nach germanischem Rechte ist jeder freie Mann berechtigt, Alles zu thun, was er seiner inneren Ueberzeugung nach thun darf, in soweit er nicht durch wohlerworbene Rechte Anderer und durch die geschichtlichen Rechte der Staatsgewalt beschränkt ist. Nach modernem Franzosenrechte ist der Bürger der Staatsgewalt gegenüber absolut unfrei und er hat nur so viel Rechte, als diese ihm täglich gnädig einräumt, oder als die Majorität einer Kammer, wenn diese die Staatsgewalt beherrscht, ihm gnädigst verwilligt. Im Sinne der germanischen Freiheit ist der Mensch Alles, im Sinne der französischen ist der Mensch nichts und die Staatsgewalt Alles, der Gottstaat. Die französische Freiheit fällt daher absolut mit dem Begriff der Gleichförmigkeit zusammen. Alle Geister, die von diesem falschen Begriff beherrscht sind, verwechseln ununterbrochen Freiheit mit Gleichförmigkeit und können gar nicht mehr fassen, daß Gleichförmigkeit auch bei der ärgsten Sklaverei möglich ist. Die größte Gleichförmigkeit ist ja die Gleichförmigkeit des Zuchthauses. Nach dieser Gleichförmigkeits-

Staatstheorie unter der Herrschaft des absoluten Staatsge=
dankens werden sich aber die Abkömmlinge unserer deutschen
Voreltern, mögen sie auch noch so sehr in moderne Ideen
verrannt sein, nimmer in eine Franzosenuniform — mag
sie eine Jakobinermütze oder ein constitutioneller Frack
sein — einzwängen lassen. Vollständiger Bruch mit dieser
Periode französischer Imitation für unsere innere Po=
litik ist die nothwendige Bedingung gesunder innerer
Verhältnisse. Diesem wahren deutschen Begriffe von Frei=
heit widerstehen daher auch alle jene oben bezeichneten For=
men der inneren Politik, die auf Wiederherstellung eines
absoluten Königthums, eines absoluten Militärstaates, eines
absoluten Constitutionalismus 2c. 2c. gerichtet sind. Wer
auf diese Zeiten preußischer Geschichte hinblickt und ihre
Erzeugnisse wiederherstellen möchte, der steht nicht auf
deutschem Boden. Wir fordern deutsche Freiheit, aber auch
diese voll und wahr. Von ihr haben unsere deutschen Frei=
heitshelden meistens keinen Begriff und keine Ahnung mehr.
Was persönliche Freiheit ist, wissen sie nicht, weil sie auch
jene innere sittliche Freiheit verkennen, ohne welche keine
äußere Freiheit bestehen kann und Werth hat. Weil unsers
deutschen Voreltern, erzogen am Herzen des Christenthume
sittlich frei waren, kannten und liebten sie auch die persön=
liche Freiheit.

Wir fordern aber nicht nur den Begriff der Freiheit
nach germanischem Rechte, sondern auch Formen und Ein=

richtungen für das gesammte bürgerlich = staatliche Leben, die
diesem Begriff entsprechen. Wir fordern Organisation statt
Maschine; Selbstregierung in vollkommenster Ausdehnung,
soweit dadurch nicht andere wohlerworbene Rechte gekränkt
werden, statt Centralisation; wir fordern Theilnahme des
Volkes am öffentlichen Leben, soweit dadurch die Einheit
der Regierung und das monarchische Princip, — das uns
kein Absolutismus ist — nicht verletzt wird; wir fordern
diese Selbstregierung und diese Theilnahme am öffentlichen
Leben realisirt in germanischen Formen, in den naturnoth=
wendigen Verbänden, in benen das ganze politisch = sociale
Leben sich bewegt, nicht in dem bloßen Geldverbande, den
der Census und die Vermögenstaxation begründet; wir fordern
mit einem Worte Natur statt Kunst, Gotteswerk statt Men=
schenwerk. Man sagt, es gibt ja keine andern Verbände
mehr unter den Menschen, als nach dem Census oder nach
der Zahl, da ja alle andern Verbände, namentlich die
Stände nicht mehr bestehen. Wie falsch das ist, zeigt uns
als Beleg die Arbeiter=Bewegung. Dort wird so oft ein Wort
genannt, das wir immer nur mit innerer Befriedigung ver=
nehmen, als Beweis, daß trotz aller massenhaft angehäuften
Vorurtheile, in benen die jetzige Welt steckt, doch die Natur
der Sache immer wieder durchbringt und zur Anerkennung
kommt. Dieses Wörtchen ist das von ihnen so oft gebrauchte
„Klassenbewußtsein,“ das sie zu wecken suchen. Die Führer
der Arbeiter=Bewegung glauben die Modernsten der Moder=

nen zu sein, und stehen gewiß in Abscheu vor dem Greuel
„der Stände" keinem Mitgliede der großen liberalen Partei
nach, und doch drängt sie ihr Natur-Bewußtsein dazu, den
Arbeiterstand als eine eigene Klasse aufzufassen, und für
diese eigene Klasse ein eigenes Bewußtsein und eigene bür=
gerliche Institutionen zu verlangen. Da haben wir ja aber
das ganze leibhaftige Ständewesen, nur mit einem fremden
Namen. Das Wahre an der Sache ist, daß die Stände
wohl in einer bestimmten Form, in der sie ein bürgerliches
und politisches Leben ausgestaltet haben, vernichtet werden
können, nicht aber in der Idee, die dieser Ausgestaltung
zu Grunde lag. Es gibt einen ganz äußerlichen Verband
unter den Menschen und einen innerlichen; den äußerlichen
bilden lediglich äußere Beziehungen der Menschen; den in=
nerlichen solche, wo zu diesen äußerlichen Beziehungen auch
sittlich innere Momente, die die Gesinnung erfassen, hin=
zutreten. Die mechanischen Staatsinstitutionen lehnen sich
an den äußeren Verband an; die organischen an diesen,
der zugleich auch ein sittlicher ist. Wie es für das Denken
des Menschen logische Grundformen gibt, in die sich alle
möglichen Gedanken einfügen müssen, so gibt es für das
ganze politisch=bürgerliche Leben gesellschaftliche Grund=
formen, in welchen sich alle möglichen socialen Richtungen
nothwendig begegnen, aneinanderschließen und verbinden. Sie
wirken selbst dann, wenn sie keine äußere Organisation haben.
Die gesellschaftlichen Grundformen sind daher auch ebenso

unabhängig von dem Willen des Menschen, wie die logi=
schen Grundformen; sie sind dem Menschen von einer hö=
heren Macht gegeben; sie sind göttliche Gesetze; sie sind
Ideen für unser social=politisches Leben, die wir in uns
aufnehmen und dann verwirklichen sollen. Sie haben die
alten Stände geschaffen, bei denen, um sie billig zu beur=
theilen, wir nie vergessen dürfen, daß die Ideen sich immer
nur annähernd, im Kampfe mit vielen Hemmnissen ver=
wirklichen. Für unser jetziges politisch=sociales Leben wür=
den diese alten Formen nicht mehr genügen; es träte schon
ein Gedanke hinzu, der ihnen eine ganz neue, erweiterte
Gestalt geben würde. Nach deutschem Rechte war nur der
freie Mann im Vollbesitze aller bürgerlichen Rechte. Von den
ersten Anfängen der deutschen Geschichte an hatten sich aber
Rechtsverhältnisse entwickelt, wodurch Viele der Rechte des
freien Mannes beraubt waren. Alle diese Beschränkungen
sind nun gefallen, worin wir einen Fortschritt er=
kennen; und so müßten auch alle unbescholtenen Männer in
ihrem Stande an allen Rechten des freien Mannes Antheil
erhalten. Dadurch würde also schon die Stellung Aller eine ganz
andere werden. In dieser Gliederung nach Ständen oder, weil
der Begriff noch viel weiter geht, nach den aus der Natur der
Sache aus dem gesammten Menschenleben sich von selbst
ergebenden Verbänden, — zu ihnen gehören nämlich nicht
nur die Stände, sondern auch die übrigen Verbände, Fa=
milie, Gemeinde, Provinz, Staat, Kirche — würde sich

dann die wahre Selbstregierung, die wahre und ächte Volks=
vertretung, die idealste und zugleich praktischste Theilnahme
aller Volksklassen am öffentlichen Leben ergeben. Wir glau=
ben nicht, daß es möglich ist, zu dieser organischen Glie=
derung des politisch=socialen Lebens wie mit einem Sprunge
zurückzukehren, und dafür sofort ein ein für allemal fertiges
Gesetzbuch festzustellen; wir glauben aber, daß nur jene in=
nere Politik dauernde staatliche Zustände begründen wird,
die nach diesem Ziele hinstrebt und dazu erstens alle noch
vorhandenen organischen Verbände stärkt, kräftigt, und zwei=
tens für jene, die kein äußerliches Band mehr haben, das=
selbe anbahnt. Wir halten das nicht nur nicht für schwer,
sondern für leicht. Der Kaufmannsstand hat schon seinen
Verband; man gebe ebenso dem Handwerkerstand, dem Ar=
beiterstand, dem Bauernstand, dem Adel, wenigstens als
dem Groß=Grundbesitzer, Gelegenheit, für die gemeinschaft=
lichen Interessen sich eine Form zu bilden, und es würde
sich dieselbe ohne Zweifel wenigstens in kräftigen Anfängen
bald wieder finden. Wie sehr ein solches Bestreben, immer be=
gleitet von sittlichen und religiösen Grundgedanken, das innere
Leben der deutschen Staaten wieder befestigen würde, ist
gar nicht abzusehen; dieser ganze Geist der Revolution, der
ja nur stark ist, weil er die Massen des Volkes so leicht
irre führen kann, wäre dadurch an die Kette gelegt, und
der ganze Einfluß aller Volksverführer würde dadurch all=
mälig verschwinden. Der Staat würde wahrlich nicht ge=

fährdet werden, wenn er in der Freiheit, die er diesen ein=
zelnen Ständen einräumte, sehr weit ginge; wenn der so
organisirte Arbeiterstand und Handwerkerstand in der Reichs=
versammlung seine volle Vertretung fände. Eine Versammlung,
in welcher neben den höchsten Ständen auch die Arbeiter säßen,
wäre ihm ersprießlicher, als eine solche, wo einige Par=
teiführer und eine große Zahl blinder Genossen vereinigt
sind. Im alten Deutschland saß der reichsunmittelbare
Bauer und der reichsunmittelbare Bürgermeister des klei=
nen Reichsstädtchens auf der Reichsbank wie die ersten Reichs=
stände. Das war deutsch; kehre man zu solchen Vorbildern
wieder zurück. Das was damals einigen Bauern zustand, gebe
man in der Ordnung der betreffenden Verbände Allen, und
was damals nur den freien Männern gebührte, räume
man jetzt wieder in der rechten organischen Gliederung
Allen ein, und es wird sich ein neues, gesundes, lebens=
kräftiges, inneres politisches Leben auf germanischer Grund=
lage entwickeln.

Endlich fordern wir auch für die inneren Zustände nach
deutscher Art eine starke, aber auch eine gerechte Autorität.
Stark wird sie ohnehin wieder werden, wenn sie sich an
die sittlichen, religiösen Grundlagen im Bewußtsein des
Volkes anlehnt; denn da ist die wahre lebendige Quelle
der Stärke der Regierung — aber sie muß auch gerecht sein.
Daher, daß die Diener des Staates selbst in manchen
Ländern dem ganzen sittlich=religiösen Leben nicht indifferent,

nein feindselig entgegenstanden, ist es gekommen, daß auch
die Autorität der Staatsgewalt so oft ungerecht ge=
worden ist; ungerecht dadurch, daß sie geübt wurde nach
dieser Sympathie und Antipathie. Wir sprechen nicht
von Ländern im Monde, sondern wahrhaftig von Ländern
hier auf der Erde, wenn wir sagen, daß eine Hauptaction
der Staatsgewalt oft darin bestand, alles Religiöse, Sitt=
liche und Gute niederzuhalten. Solche Zustände können
nicht zum Frieden führen; möge die Autorität stark sein,
aber sei sie auch gerecht; möge sie der Freiheit einen wei=
ten Spielraum lassen; wo sie aber eintreten muß, da möge
sie gehandhabt werden, nicht um das Gute zu hindern,
sondern um dem Schlechten und Unsittlichen entgegenzu=
treten.

XI.

Kirche. — Schule.

Die dritte Bedingung einer glücklichen Zukunft für
unser deutsches Vaterland ist eine gerechte Stellung der
Kirche und der Schule; eine Stellung, die uns wahren
Frieden bringt zwischen Kirche und Staat.

Fassen wir zuerst die Stellung der Kirche ins Auge.

Keine Thatsache hat die deutsche Geschichte mehr be-
wiesen, als die unselige Wirkung der religiösen Kämpfe auf
politischem Gebiet. Aus ihnen hat unser ganzes nationales
Leben die tiefsten Wunden empfangen. Da die Religion
das Innerlichste am Menschen ist und die tiefsten Wurzeln
in seiner Seele hat, so beruhigt nichts mehr das innere
Staatsleben, als Friede zwischen Kirche und Staat, während im Gegentheil jede Störung dieses Friedens alle

Gemüther bis auf den Grund aufregt. Daß auch in
unseren Tagen diese Kämpfe noch ganz dieselbe verderbliche
Wirkung haben, zeigen alle Länder, wo dieser Friede zer=
stört worden ist. So gern man es von manchen Seiten
verkennen möchte, so hat auch jetzt noch die Religion dieselbe
Macht über die Geister, und die religiösen Fragen werden
immer oben anstehen unter den Angelegenheiten unseres
deutschen Volkes. Für die Länder Deutschlands, nament=
lich die Nord= und Mitteldeutschlands, wird aber eine
friedliche Lösung derselben noch aus besonderen Grün=
den die erste und Grundbedingung einer ruhigen inneren
Entwickelung sein. Erstens bilden sie ein solches Ge=
misch der Bevölkerung bezüglich des religiösen Bekennt=
nisses, wie es kaum noch in einem anderen Lande
vorkommen kann. Jede Störung des religiösen Friedens
wird deßhalb die Gemüther durch alle Schichten und
Theile dieser Länder in zahllose innere Spaltungen und
Gegensätze auseinanderreißen. Zweitens aber sind in
diesen Ländern gefährliche Doctrinen über das Verhältniß
zwischen Kirche und Staat verbreitet, welche, wenn sie auf
die Neugestaltung Deutschlands Einfluß gewinnen würden,
einen zerstörenden inneren Kampf hervorrufen müßten. In
einigen süddeutschen Staaten hat diese Partei in den letzten
Jahren schon ihr heilloses Wesen getrieben und die Geister
tief entzweit. Diese Parteidoctrin ist zusammengesetzt theils
aus absolutistischen Staatsideen, theils aus Reminiscenzen

des alten Staats-Kirchenrechtes, wie es der Josephinismus ausgebildet hat, theils aus specifisch protestantischen An= sichten, und alle diese Elemente sind verbunden durch jene fanatische antireligiöse Gesinnung, wie sie sich seit den Religionsspöttereien und Blasphemien der Voltairianer und Encyklopädisten verbreitet hat. Sie ist jeder Religion gleich feindselig, insbesondere aber voll Haß gegen die katholische Kirche. Um ihren Kampf gegen dieselbe zu verstecken, nennt sie Alles, was an Lehren, Institutionen und Gebräuchen katholisch ist, mit anderen Namen, Ultramontanismus, Je= suitismus 2c. So führt sie einen Kampf gegen die Kirche und das Christenthum nicht nur durch ihre Presse, sondern auch namentlich auf politischem Gebiete in den Kammern, durch den Einfluß, den sie auf die Gesetzgebung zu gewinnen sucht. Wo die katholische Kirche ein Recht fordert, da wird mit Scheltworten geantwortet; wo sie verlangt, gerecht, ohne Ausnahmegesetze, nach dem Geiste der neueren Gesetze behandelt zu werden, wird mit einem allgemeinen Geschrei über das Uebermaß hierarchischer und jesuitischer Anmaßung jede gesetzmäßige Forderung niedergedrückt. Diese Partei will keine gerechte Regelung des Verhältnisses zwischen Kirche und Staat; sie ist getrieben von dem Principe Voltaire's: Écrasez l'infame; sie will keine Gerechtigkeit im Staate, sondern sich der Staatsgewalt und der Staats= gesetzgebung bedienen, um die katholische Kirche und das Christenthum überhaupt zu unterdrücken. Wir glauben,

8 *

daß diese Partei die größte Gefahr für den inneren Frie=
den Deutschlands ist, und wenn sie Einfluß gewinnen
könnte, so würden wir schweren Religionskämpfen mit
ihren traurigen Folgen entgegengehen.

Es ist daher von entscheidender Wichtigkeit für die
Zukunft Deutschlands, wie diese Beziehungen zwischen
Staat und Kirche geregelt werden; ob sich dafür eine ge=
rechte Form finden läßt, wodurch die innern religiösen
Gegensätze, welche fortbestehen, das bürgerlich=politische Leben
nicht mehr unmittelbar berühren; ob es gesetzliche Normen
gibt, welche es den Bekennern der verschiedenen berechtigten
religiösen Genossenschaften möglich machen, in einem wahren
bürgerlichen und politischen Frieden miteinander zu leben, ohne
dadurch von der Innigkeit und Aufrichtigkeit ihrer eigenen
religiösen Ueberzeugung etwas zu vergeben und ohne auf
einen geistigen Kampf für diese religiösen Ueberzeugungen
zu verzichten. Das ist eine entscheidende Frage, deren
Prüfung sich alle Deutschen, die ihr Vaterland lieben, mit
der größten Sorgfalt hinwenden sollten. Die große ungläubige
Partei will uns anscheinend den religiösen Frieden bringen
durch den religiösen Indifferentismus; dieser soll gewisser=
maßen zum Staatsgrundgesetz gemacht werden, soll seinen
Ausdruck finden in dem Gesetzbuche, und jeder, der ihm
nicht huldigt, soll als intoleranter Friedenstörer behandelt
und bestraft werden. Sie sieht dabei nicht oder will nicht
sehen, daß es das Uebermaß der Intoleranz ist, wenn die

angebliche Toleranz keine religiöse Ueberzeugung mehr toleri=
ren will, und daß es ein Verbrechen an dem Menschen=
geiste ist, ihm zuzumuthen, in der Religion auf Wahrheit zu ver=
zichten. Das ist das innerlichste Wesen der sog. Aufklärung
unter dem Deckmantel der Toleranz; eine Gesinnung, die nichts
toleriren will, als Gleichgültigkeit in der Religion, als Reli=
gionslosigkeit. So kann aber die religiöse Frage nicht gelöst
werden. Dagegen würde sich der bessere Theil der Menschennatur
mit allen Kräften des Christenthums vereinigen, um gegen
eine solche Gesetzgebung einen Kampf auf Leben und Tod
zu führen; und in diesem Kampf würden wir siegen, so
gewiß die Wahrheit siegen wird und die Unvernunft unter=
liegen muß, wenn auch unser deutsches Vaterland dabei
in Todeszuckungen läge. Das wäre keine vernünftige,
keine gerechte Lösung, sondern die Lösung des antichristlichen
und antireligiösen Indifferentismus. Wir fordern eine
andere Lösung für die Stellung zwischen Kirche und Staat;
eine solche, wodurch die religiöse Ueberzeugung geachtet wird,
ohne den bürgerlichen Frieden zu stören, ohne jenen die
Vollberechtigung ihrer bürgerlichen Rechte zu verkümmern,
die in den religiösen Ueberzeugungen von uns abweichen.
Wir fragen, ob eine solche gesetzliche Regelung möglich ist.

So schwierig nun die Frage über das beste und ideale
Verhältniß zwischen Kirche und Staat sein mag, wenn sie
rein theoretisch und in abstracto betrachtet wird, so schwierig
sie ferner unter besonderen geschichtlichen und rechtlichen

Zuständen werden kann, so günstig scheint sie uns für
den Nordbund und die Staaten zu liegen, die sich ihm
etwa anschließen werden. Wir glauben in der That, daß
es eine Form gibt, welche den wesentlichen Bedürfnissen
eines gläubigen christlichen Lebens genügt und zugleich den
bürgerlichen Frieden unter den verschiedenen christlichen
Confessionen gewährleistet, und daß diese Form in befrie=
digender Weise in den Bestimmungen der preußischen Ver=
fassung gefunden ist. Wir haben uns schon seit zwanzig
Jahren dieser Frage mit Berücksichtigung aller auftauchen=
den Zeitverhältnisse und angetrieben durch die persönliche
Stellung, in der wir uns zu derselben theils im Jahre
1848 als Deputirter der Nationalversammlung in Frank=
furt, theils später in unserer kirchlichen Stellung zuerst in
Preußen und dann seit sechszehn Jahren in Mitteldeutschland
unter allen den verwickelten Streitigkeiten in dieser Hinsicht
befunden haben, mit aller Aufmerksamkeit, deren wir fähig
waren, zugewendet, und wir sind immer mehr zu der
Ueberzeugung gekommen, daß für die besonderen Verhält=
nisse der deutschen Staaten, die hier in Betracht kommen,
diese Regelung des Verhältnisses zwischen Kirche und Staat
die entsprechendste sei. Sie bietet insbesondere drei Vor=
theile, indem sie erstens der Kirche das zur Erfüllung ihrer
Sendung durchaus nothwendige Maß innerer Freiheit ge=
währt, indem sie zweitens von dem Staate alle Verwickelungen
fern hält, die durch das Einmischen in das kirchliche Leben ent=

stehen, und indem sie drittens den bürgerlichen Frieden unter
den Bekennern der verschiedenen Confessionen befördert. Als
wir vor mehr denn zehn Jahren die Ehre hatten, im Auftrage des Erzbischofs von Freiburg über die Regelung der
kirchlichen Verhältnisse Seine Königliche Hoheit den Großherzog von Baden zu sprechen, der damals noch Prinzregent
war, so haben wir ihm die Ueberzeugung ausgesprochen,
daß der König von Preußen durch diese Verfassungsbestimmungen seinen Unterthanen einen großen Act der Gerechtigkeit
geübt habe, daß dadurch der religiöse Friede für Preußen mit
allen seinen segensreichen Folgen begründet und von jetzt
an, wenn die Verfassungsbestimmungen redlich gehalten
würden, ein Conflict zwischen Religion und Staat unmöglich geworden sei, und daß je länger dieselben beobachtet
werden würden, um so tiefer die Dankbarkeit des christlichen Volkes gegen den König für dieses Geschenk sein
würde. Wir knüpften an diese Aeußerung die Bitte, auch
dem badischen Lande dieses Gesetz des Friedens zu geben,
und fügten die Ueberzeugung bei, daß der Großherzog durch
keinen anderen Act mehr als durch diesen alle religiösen
Gefühle dankbar an sein Fürstenhaus knüpfen werde. Wie
viel Verderben wäre abgehalten worden, wenn diese Bitte
erfüllt worden wäre! Wir betrachten die preußischen
Verfassungsbestimmungen als eine wahre Magna charta
des religiösen Friedens für das religiös gemischte Deutschland und glauben daher, daß alle, die den religiösen Frie-

ben in Deutschland lieben, sich in der Erhaltung derselben und der Ausdehnung auf die anderen betreffenden Länder die Hand reichen sollten.

Man hat gesagt, daß wir Katholiken Preußen keinen Dank schuldeten für diese Verfassungsbestimmungen, da die katholischen Länder ja nicht rechtlos, sondern mit dem vollsten Anspruch auf freie Uebung ihrer Religion mit Preußen verbunden worden seien, und daß die Verfassungsbestimmungen ja gar nichts anderes enthielten, als die Gewährung dieses Rechtes, daß man aber Niemanden dafür Dank schulde, daß er nicht ungerecht sei. Das ist wahr in einem Sinne und in einem anderen nicht. Die katholische Kirche ist seit der Säcularisation in Deutschland so namenlos ungerecht behandelt worden; sie wird auch heute noch in einigen Ländern so überaus ungerecht behandelt, daß wir wahrhaft Ursache haben, dem Fürsten Dank zu sagen, der sich von diesem ungerechten Zeitgeiste frei gehalten hat und auch der katholischen Kirche gegenüber ein gerechter Fürst gewesen ist. Man hat ferner gesagt, daß ja die Verfassungsbestimmungen noch nicht überall und in allen Theilen volle Wahrheit geworden seien und daß auch in Preußen an der vollen paritätischen Berechtigung noch viel fehle. Auch das wollen wir gewiß nicht leugnen; auf der anderen Seite muß aber zugestanden werden, daß unter den Verhältnissen, wie sie sich in den protestantischen Ländern in Deutschland entwickelt haben, es für eine Staatsregierung nicht leicht war, sofort das Princip der Gerechtigkeit in allen Consequenzen durchzuführen; in allen preußischen Verwaltungs=Gewohn= heiten liegen so viele Hindernisse der vollen Parität, daß auch der redlichste Wille nicht sofort überall durchbringen kann. Wir glauben aber, daß im Allgemeinen, ohne einige betrübende Ausnahmen zu übersehen, unter der Regierung des jetzigen Königs der Geist der Gerechtigkeit festgehalten worden ist, in dem sein königlicher Bruder die Verfassungs= bestimmungen erlassen hat. Man hat endlich darauf hinge= wiesen, daß auch in Preußen eine starke Partei bestehe, die diese Magna charta religiösen Friedens wieder vernichten will, und daß ihr Sieg vielleicht nahe bevorstehe. Wir ver= kennen wahrlich nicht diese Gefahr und die Größe derselben. Alle vorher bezeichneten Parteien werden von ihrem Hasse gegen jede Regung des christlichen Lebens im Volke dazu getrieben und auch in den einflußreichen Kreisen gibt es Manche, die eine gerechte Freiheit der Kirche nicht wollen, wie sie die katholische Kirche selbst nicht wollen. Aber auch die Zahl derer ist groß, welche den ganzen Werth der Ver= fassungsbestimmungen erkennen; und schon der Versuch, sie aufzuheben, würde eine große Gährung der Geister hervor= rufen. Das Antasten der Verfassungsbestimmungen wäre der Sieg der schwarzen Farbe in Preußen, ein Sieg, der wahrhaft Preußen nicht stärken würde. Zu den vielen schwe= ren inneren Fragen käme dann eine neue und zwar die schwerste. Mit dem Aufheben der Verfassungsbestimmungen

würde ein Feuerbrand in Preußen und in Deutschland hin-
eingeworfen, der zu einer zerstörenden Flamme werden könnte.
Wir hoffen, daß die Vorsehung uns vor diesem National-
unglück bewahren werde.

Wenden wir uns jetzt der Schulfrage zu.

Es bedarf gewiß keines Beweises, wie wichtig für den
inneren Frieden und eine friedliche Entwickelung unseres
Staatslebens eine endgültige und gerechte, gesetzliche Regelung auch dieser Verhältnisse ist. Die Schulfrage steht in
dieser Hinsicht neben der Kirchenfrage und greift ebenso
wie diese tief bis auf den Grund ein in die Lebensinteressen
des Volkes. Sie gewinnt dadurch für unsere Zeit und für
die nächste Zukunft noch eine außerordentliche Bedeutung,
daß sie fast überall in den Vordergrund aller Zeitfragen
tritt. Die Schulfrage ist leider auch eine Parteifrage geworden. Die Principien und die Rechtsverhältnisse, auf
welchen ihre Lösung beruht, bieten an sich keine große
Schwierigkeit, und ebenso ist das, was das wahre Interesse
der Volkserziehung hierbei fordert, nicht schwer, vielmehr
sehr leicht zu finden. Auch in den Gesetzen und in den
betreffenden Verfassungen liegen hiezu überall schon die
Anfänge, ebenso wie in den historischen und thatsächlichen
Verhältnissen. Eine gerechte Berücksichtigung jener Principien und Bedürfnisse des Volkes und dieser geschichtlichen
und rechtlichen Zustände würde leicht zu einer befriedigenden
gesetzlichen Ordnung dieser Frage führen. Die Schwie-

rigkeit und Gefahr bei der Schulfrage liegt aber in der Stellung, welche dieselbe antichristliche Partei, die auch der Kirche keine Gerechtigkeit gewähren will, zu ihr einnimmt. Sie sieht von dem, was an sich gut und recht ist, völlig ab, benutzt auch die Schulfrage als Mittel für ihre Zwecke und stellt deßhalb ihre doctrinären Parteisysteme auf, um sie rücksichtslos durchzuführen. Lediglich in dem Einfluß dieser Partei liegt die Gefahr der Schulfrage, die freilich eine sehr große für den inneren Frieden werden würde, wenn es ihr gelänge, ihre Pläne geltend zu machen. Wir wollen das Gesagte — auf der einen Seite die Leichtigkeit der gesetzlichen Regelung derselben, wenn die vorhandenen recht= lichen und factischen Verhältnisse zu Grunde gelegt werden, und auf der anderen Seite, wie der Einfluß der liberalen Partei auf sie zu den größten inneren Kämpfen führen müßte, näher betrachten.

Da diese Gegensätze schon wiederholt in Preußen in einem heftigen Kampfe sich gegenüberstanden, so wollen wir unsere Betrachtung an die dort geführten Verhandlun= gen knüpfen[1]), die sich überall ähnlich wiederholen. In der

---

1) Wir verweisen z. B. auf die besonders gedruckten Verhand= lungen des preußischen Abgeordnetenhauses vom 3. und 4. März 1863. Der Abgeordnete Peter Reichensperger vertrat damals mit we= nigen Gesinnungsgenossen, aber mit großer Ueberlegenheit den Stand= punkt des Rechtes, der zugleich der Standpunkt der Religion war. Diese Verhandlungen sind auch jetzt noch überaus lehrreich.

Periode der neuen Aera drängte nämlich jene Partei plan=
mäßig auf ein Schulgesetz; sogar die Budgetverhandlungen
boten ihr in jedem Jahre zu diesem Drängen eine Veran=
lassung und das Ziel war ein Staatsschulsystem mit allen
Consequenzen des Staatsabsolutismus auf dem Gebiete der
Schule bis zu ihrer Trennung von der Religion. Nur die
Verfassungskämpfe haben damals diesen Streit vertagt. Er
wird aber unfehlbar überall wieder aufgenommen werden,
wenn der Friede es gestattet, sich den inneren großen Fra=
gen zuzuwenden. Wir haben daher in jenen Verhandlungen
ein ganz getreues Bild der Schulfrage mit allen einschläg=
igen Zeitbestrebungen.

Fassen wir zunächst an der Hand der Gesetze und der
factischen Verhältnisse die einfachen Wege zu ihrer Lösung
ins Auge. Der Art. 15 der preußischen Verfassung be=
stimmt: „Die evangelische und die römisch=katholische Kirche
sowie jede andere Religionsgesellschaft ordnet und verwaltet
ihre Angelegenheiten selbstständig und bleibt im Besitz und
Genuß der für ihre Cultus=, Unterrichts= und Wohlthätig=
keitszwecke bestimmten Anstalten, Stiftungen und Fonds.“
Durch den zweiten Theil dieser Verfassungsbestimmung ist
offenbar den Religionsgesellschaften nicht nur das für ihre
Unterrichtsanstalten fundirte Vermögen garantirt, sondern
überhaupt der Fortbestand der vorhandenen Unterrichtsan=
stalten in ihrer historischen Beziehung zu den Religionsge=
sellschaften, wie er sich bis dahin ausgebildet hatte, und der

Genuß der für diese Anstalten vom Staate bis dahin ge-
währten Unterstützungen, der ohnehin, wenigstens für alle
katholischen Anstalten, fast überall zugleich auf einem eigentlichen Rechtstitel beruhte. Damit ist auch verfassungsmäßig
anerkannt, daß es confessionelle Unterrichtsanstalten geben
soll und zwar nicht bloß confessionelle Elementarschulen,
und ebenso, daß es confessionelles Schulvermögen gibt. In
allen diesen Bestimmungen liegen sehr wichtige Momente zu
einer gerechten, befriedigenden Ordnung der Schulverhält-
nisse. Für denselben Zweck ist auch der Art. 14 der Ver-
fassungs-Urkunde von eminenter Bedeutung, welcher lautet:
„Die christliche Religion wird bei denjenigen Einrichtungen
des Staats, welche mit der Religionsübung im Zusammenhange stehen, unbeschadet der im Art. 12 gewährleisteten
Religionsfreiheit, zum Grunde gelegt." Nach deutscher Denkweise kann es nun wohl keine Frage sein, daß Schulen, die
für Christenkinder eingerichtet werden, zu den „Einrichtungen
des Staates" gehören, die auch „mit der Religionsübung"
zusammenhängen, und daß deßhalb ein für die Schulen be-
stimmtes Gesetz auch auf die Grundsätze der christlichen Religion verfassungsmäßig Rücksicht nehmen muß. Unmittelbar handeln von der Wissenschaft und den Schulen die Artt.
20—26. In Verbindung mit dem Gesagten bieten auch
sie überall einen hinreichenden Anhalt zu einer befriedigenden
Ordnung der Schulangelegenheiten. Der Art. 20 spricht
das allgemeine Princip aus: „Die Wissenschaft und ihre

Lehre ist frei." Der Art. 22 gibt die Grenzen an, in
denen sich diese Freiheit zu bewegen hat: „Unterricht zu
ertheilen und Unterrichts-Anstalten zu gründen und zu leiten,
steht jedem frei, wenn er seine sittliche, wissenschaftliche und
technische Befähigung den betreffenden Staatsbehörden nach=
gewiesen hat." In der zweiten Hälfte dieses Satzes liegt
nun freilich eine Möglichkeit, sowohl den Art. 20 über die
Freiheit der Wissenschaft, als auch die erste Hälfte dieses
Satzes über die Freiheit des Unterrichtes und Unterrichts=
Anstalten zu gründen, wieder zu nichte zu machen. Das wäre
aber offenbar ein Mißbrauch dieser Gesetzbestimmung und
eine Entstellung ihres wahren Sinnes. Ihrem eigentlichen
und wahren Sinne nach läßt sich dagegen die Berechtigung
der hier festgestellten Beschränkung nicht verkennen. Ein
paritätischer Staat, der keine Staatsreligion als solche an=
erkennt, muß eine gewisse Controle fordern, um den mög=
lichen Mißbrauch der Unterrichtsfreiheit verhindern zu können.
Wenn man verlangt, daß er diese Controle gänzlich weg=
fallen lasse der katholischen Kirche gegenüber, so verlangt
man von dem paritätischen Staate zu viel und setzt den con=
fessionellen Staat voraus. Es kömmt daher Alles darauf an,
wie diese Beschränkung der Unterrichtsfreiheit geübt wird,
welche Garantien für den Nachweis der „sittlichen, wissenschaft=
lichen und technischen Befähigung" gefordert werden. Für den
Nachweis der technischen Befähigung müßten, um die Garantie
zu haben, daß nur technische Gründe und nicht Interessen der

Staatsschulen beim Urtheile maßgebend seien, gemischte Prüfungs-Commissionen bestellt werden. Für die Beurtheilung der sittlichen Befähigung dagegen würde der Staat den alten christlichen Confessionen gegenüber, denen die Mehrzahl seiner Unterthanen angehören, keine weitere Garantie fordern können, als daß eine Anstalt von ihnen gegründet und geleitet sei. Alles, was darüber hinausläge, wäre nicht mehr in der Sache begründet, sondern in anti-religiösen Zeitrichtungen. Auch der Art. 23: „Alle öffentlichen und Privat-Unterrichts- und Erziehungsanstalten stehen unter der Aufsicht der vom Staat ernannten Behörden" hat bei einer gerechten Schulgesetzgebung keine Bedenken, am wenigsten in Verbindung mit allen schon hervorgehobenen maßgebenden Bestimmungen, da dadurch weder ein Mitaufsichtsrecht der Kirche geleugnet, noch das Recht der Eltern an eine solche Einrichtung der Schule, die ihrem Gewissen entspricht, in Frage gestellt wird. Art. 24 bestimmt überdies bezüglich der Volksschule: „Bei der Einrichtung der öffentlichen Volksschulen sind die confessionellen Verhältnisse möglichst zu berücksichtigen." Durch den Zusatz: „Den religiösen Unterricht in den Volksschulen leiten die betreffenden Religionsgesellschaften" soll gewiß nicht entfernt ausgesprochen werden, daß sich auf diesen religiösen Unterricht das Verhältniß der Kirche zur Volksschule beschränken soll; vielmehr ist durch diesen Satz bestimmt, daß der religiöse Unterricht ausschließlich unter Leitung der Kirche

steht, daß aber die Volksschule überhaupt eine confessionelle
sein, und daß diese confessionelle Volksschule mit mög=
lichster Berücksichtigung der Grundsätze der betreffenden Re=
ligion eingerichtet werden soll. In allen diesen Verfassungs=
bestimmungen liegen die Fundamentalsätze für das im Art. 26
der Verfassung in Aussicht genommene Gesetz für das ganze
Unterrichtswesen, und wir nehmen keinen Anstand zu be=
haupten, daß wenn in redlicher Anwendung dieser Fundamen=
talgrundsätze ohne Vorurtheile, ohne Parteistellung und mit
Wohlwollen das künftige Unterrichtsgesetz entworfen wird, da=
durch die Grundlagen für einen dauernden inneren Frieden in
den Schulangelegenheiten leicht gewonnen werden können.

Das will aber jene Partei nicht. Sie will kein Schul=
gesetz nach Recht und Gesetz, nach dem Gewissen und den
Bedürfnissen des christlichen Volkes, sondern sie strebt nach
einem solchen, das geeignet ist, mit Verletzung aller gött=
lichen und menschlichen Rechte die Schule von der Religion,
vom Christenthum, von der Kirche zu trennen und sie zu
einer Anstalt der Entchristlichung des Volkes zu machen.
Was wir von ihr zu erwarten haben, darüber sind jene
Verhandlungen zur Zeit der neuen Aera überaus lehrreich;
da hat sie ein wahres Glaubensbekenntniß abgelegt. Ihr
erster Sprecher war Herr Professor Dr. v. Sybel. Ihre An=
sicht beherrschte damals mit einigen Ausnahmen das ganze
Haus. Obwohl die Verfassungsurkunde nur wenige Jahre vor
diesen Verhandlungen erlassen war und obwohl gerade

diese Partei es ist, die immer mit dem Glanze der Ver=
faffungstreue prunkt, so war es doch den vortrefflichen ka=
tholischen Männern, die an diesen Verhandlungen theil=
nahmen, nicht möglich, ihre Gegner aus der schwindeln=
den Höhe ihrer Schuldoctrinen auf den Boden der That=
sachen, des Rechtes und der Verfassungsbestimmungen herab=
zuziehen. Es war ein eigenes Schauspiel zu sehen, wie die=
selben ihre Gegner mit logischer Gewalt immer wieder auf
den gesetzlichen Boden hinwiesen, und wie die Letztern da=
gegen gleichsam von einer geheimnißvollen Gewalt in
den leeren Raum geworfen, stets wieder zu dem Strom
ihrer doctrinären Phrasen zurückkehrten. Der Gott dieser
Bildung ist der Staat und die Staatsgewalt; sie hat für
diese Herren alle Attribute, die der Christ dem lieben Herr
Gott beilegt; sie ist der einzige Lehrer und die einzige wahre
Eigenthümerin aller Schulen; sie allein gibt deßhalb auch
Anderen das Recht zu lehren, und sie allein ist in der
öffentlichen Schule berechtigt. Daß die Wissenschaft sich mit
der Wahrheit beschäftigt und daß deßhalb eine Staatsge=
walt, die in der That als der Ausfluß aller Lehrberech=
tigung angesehen werden sollte, zuerst in dem Vollbesitz aller
Wahrheit sein, ein wahrhaft unfehlbares Lehramt besitzen
müßte; daß es überhaupt gar keinen lehrenden Staat gibt,
sondern nur eine von Menschen, die selbst dem Irrthum
unterworfen sind, geübte Staatsgewalt; daß die Schulen
nicht Eigenthum irgend eines dirigirenden Ministers sind,

sondern Anstalten, die mit dem Gelde des christlichen Volkes
unterhalten werden, für seine Kinder bestimmt sind und nach
seinem Gewissen eingerichtet werden müssen — das Alles
will dieser Parteigeist nicht erkennen; ihm ist die Schule
eine Parteianstalt, um Parteiansichten, namentlich um
den Unglauben zu befördern, von dem er selbst erfüllt
ist, und um die Schule so behandeln zu können, hat er sich
dieses System des absolut lehrenden Staates ausgedacht, das
ihm eine bequeme Maschine werden soll, um seine sogenannte
Bildung zu verbreiten. Wie groß aber die Gefahr ist, welche
von dieser Seite droht, erhellt auch daraus, daß alle An-
träge, die zur Zeit der neuen Aera im Abgeordnetenhause
von ihr gestellt wurden, z. B. der Antrag, die höheren
Unterrichtsanstalten ihres confessionellen Charakters zu
berauben, mit großer Mehrheit angenommen wurden.
Wenn es dieser Partei je gelingen sollte, auf die Gesetzgebung in Preußen oder in den übrigen deutschen Staaten
Einfluß zu gewinnen und ihr Ziel, die religionslose Schule,
die Lehranstalt des Unglaubens durchzusetzen, dann würde
der Staat einen heillosen Kampf mit dem Gewissen der
christlichen Eltern und des christlichen Volkes beginnen. Das
wäre ein Eingriff in das innerste Heiligthum der Gewissen,
das wäre ein Versuch, unser Volk durch Staatseinrich-
tungen gewaltsam vom Christenthum zu trennen. Wenn
die Verfassungsstreitigkeiten dieses Bestreben nicht unter-
brochen hätten, so würde es in jeder Sitzung des Abgeord-

netenhauſes und bei jedem betreffenden Budgetpoſten wieder
aufgenommen worden ſein, ſo ſelbſtbewußt iſt ſich dieſe Par=
tei und mit ſolcher Planmäßigkeit verfolgt ſie ihre Wege.
Es ſteht wohl zu befürchten, daß ſie damit bald möglichſt
wieder beginnen wird.

Es wird daher die Zukunft weſentlich von der Behand=
lung der Kirchen= und Schulfrage abhängen. Die Kirchen=
und die Schulfrage iſt der eigentliche Kampfplatz der großen
liberalen Partei, der Fortſchrittspartei und der Logen.
Leider ſind wir gezwungen anzunehmen, daß es unter ihnen
Menſchen gibt, die den inneren Frieden in Deutſchland nicht
wollen, weil ſie nur in dem Parteigewühl der inneren
Kämpfe ihre Intereſſen gewahrt ſehen. Möge der verderb=
liche Einfluß dieſer ſyſtematiſchen Friedenſtörer fern ge=
halten werden. Sie ſind die inneren Feinde Deutſchlands.

XII.

Liberalismus. — Encyklika vom 8. Dezember 1864.

————

Wir haben uns bezüglich der Staaten, die dem
Norddbund angehören oder ihm beitreten werden, für eine
Regelung der kirchlichen Verhältnisse im Sinne der preu=
ßischen Verfassungsurkunde ausgesprochen. Es wird daher
nunmehr angemessen sein, zu untersuchen, ob eine solche
Stellung der Kirche nicht mit ihren Grundsätzen und nament=
lich mit denen der Encyklika vom 8. Dezember 1864 und
des ihm angehängten Syllabus im Widerspruch stehe.
Ueberhaupt scheint es uns zur Beruhigung der Gewissen
vieler Katholiken, die durch ihre Stellung den Beruf haben,
an den Fragen des öffentlichen Lebens Antheil zu nehmen,
nützlich, zu untersuchen, wie weit sie den Zeitforderungen ge=
genüber bei Anerkennung der Gewissensfreiheit und einer

paritätiſchen Stellung verſchiedener Religionsbekenntniſſe im
Staate gehen können, ohne kirchliche Grundſätze zu ver=
letzen, insbeſondere jene, welche dieſe berühmte Encyklika
mit ihrem Anhange enthält. Es beſteht hierüber noch viel=
fache Unklarheit zur Beunruhigung der Gewiſſen und zum
Nachtheil der Wahrheit. Namentlich können wir es nicht
für gerechtfertigt halten, ohne vorher den Sinn der betref=
fenden Sätze aus dem Syllabus genau zu beſtimmen und
ohne feſtzuſtellen, was eigentlich als irrig verworfen iſt, ſo=
fort zu allgemeinen Erörterungen überzugehen, unter dem
Scheine, als ob das alles Lehre des apoſtoliſchen Stuhles
ſei und in der Encyklika ſtehe. Daraus entſtehen Irr=
thümer und es kann geſchehen, daß dann Anſichten als irrig
und durch die Encyklika verworfen gehalten werden, die
weder verworfen, noch irrig ſind. Die kirchliche Wiſſenſchaft
bringt überall auf volle Klarheit bis auf den letzten Wortſinn,
und je heiliger ihre Autorität iſt, deſto mäßiger iſt ſie in
ihrem Gebrauch, deſto ferner liegt es ihr, Menſchen= und
Schulmeinungen in den Bereich ihrer autoritativen Be=
ſtimmungen hineinzuziehen.

Wir haben aber zu dieſer Erörterung noch eine beſon=
dere Veranlaſſung. In einer früheren Schrift[1] ſprachen
wir nämlich in dem Abſchnitt über „Religionsfreiheit und

---

1) Freiheit, Autorität und Kirche. Erörterungen über die großen
Probleme der Gegenwart. Mainz 1862. S. 155.

die katholische Kirche" den Satz aus: „Es steht kein kirch=
licher Grundsatz fest, welcher einen Katholiken behinderte,
der Meinung zu sein, daß unter den gegebenen Verhält=
nissen die Staatsgewalt am besten thue, mit der gleich zu
erwähnenden Beschränkung (Leugnung des persönlichen Got=
tes und Gefährdung der Sittlichkeit) volle Religionsfreiheit
zu gewähren." Einige Jahre später führt nun der Ver=
fasser einer Schrift über die Encyklika [1]), bei Besprechung
der Sätze 77—79 des Syllabus, ohne uns zu nennen, die
bezeichneten Worte aus unserer Schrift an mit dem Bemer=
ken: „Diesen Sätzen gegenüber kann man heute wohl nicht
mehr sagen, wie es mehrfach gesagt worden ist: „Es steht
kein kirchlicher Grundsatz fest u. s. w." — wonach also unsere
Behauptung nach Veröffentlichung des Syllabus nicht mehr
haltbar wäre. Auch die historisch=politischen Blätter [2]) be=
sprechen diese Wiener Broschüre sammt deren Hindeutung
auf unsere Schrift, indem sie zugleich unserem Satz eine
mildere Deutung geben wollen, ohne mit der nöthigen
Schärfe das, worauf es hier ankömmt, hervorzuheben. Um
so mehr glauben wir, daß die Erörterung dieser Frage hier
von allgemeiner Bedeutung ist.

---

1) Der Papst und die modernen Ideen. II. Heft. Die Encyklika
vom 8. Dezember 1864. Nebst einem Vorworte von P. Clemens
Schrader S. J. Wien 1865. S. 33.

2) Band 25. S. 240.

Wir werden bei derselben zunächst die betreffenden Sätze des Syllabus und der Encyklika wortgetreu wiedergeben und dann bestimmen, welche Ansicht hier als irrig bezeichnet ist. Zur Vergleichung werden wir den lateinischen Text in der Note beifügen und zugleich durch gesperrte Schrift jene Worte hervorheben, die uns die entscheidenden scheinen. Die Aufmerksamkeit auf diese entscheidenden Worte würde bei einem Vergleiche einiger Uebersetzungen des Syllabus ergeben, wie oft deren Verfassern die klare Einsicht fehlte, worauf es eigentlich ankomme, worin das Irrige liege. Bei den Schriften über den Syllabus ist namentlich nicht immer hinreichend berücksichtigt worden, was zum genauen Verständniß überaus wichtig ist, daß alle Sätze desselben aus früheren Allocutionen und Ausschreiben des heiligen Vaters, die bei den verschiedensten Veranlassungen ergangen waren, entnommen sind, auf welche auch bei jedem einzelnen Satze ausdrücklich hingewiesen wird, und daß daher der eigentliche und wahre Sinn nur aus dem Zusammenhang, in welchem jene Sätze vorkommen, gefunden werden kann. Darum wurde auch bald nach Erlaß des Syllabus eine amtliche Ausgabe des vollständigen Textes aller jener Documente[1] veranstaltet und im Vorworte ausdrücklich eingeschärft, daß zur Fest-

---

1) Acta SS. D. N. Pii PP. IX., ex quibus excerptus est syllabus editus VIII. Dec. 1864. Romae 1865.

stellung des wahren Sinnes, in welchem jene Sätze ver=
worfen sind, jene früheren Erlasse zur Vergleichung benutzt
werden müssen [1]). Wir werden diesen Weg einschlagen, um
zu bestimmen, welche Meinungen wir bezüglich der staat=
lichen Gewissensfreiheit, des Liberalismus zc. als irrig zu
vermeiden haben.

Die Sätze des Syllabus, die hier in Betracht kommen,
haben die gemeinschaftliche Ueberschrift: „§. 10. Irrthümer,
die sich auf den Liberalismus beziehen." Damit soll also nicht
Alles, was man etwa Liberalismus nennen kann, als Irr=
thum bezeichnet, sondern nur ausgesprochen werden, daß in
diesem System Irrthümer vorkommen, die vermieden wer=
den müssen. Der erste Satz lautet nun:

„In unserem Zeitalter ist es nicht mehr zuträglich,
daß die katholische Religion als einzige Staatsreligion
unter Ausschluß aller übrigen Religionsübungen gelte [2])."

Die Allocution, aus welcher diese Stelle entnommen
ist, hat der heilige Vater am 26. Juli 1855 gehalten und
bezieht sich auf Spanien. In diesem ganz katholischen
Lande waren die althergebrachten Rechte der Kirche zuletzt

---

1) Eas (Litteras encyclicas et Allocutiones) conferre omnino
oportet, siqui verum sensum, in quo illae sententiae pontificia auctoritate perstringuntur, elicere velint. Ibid. pag. V.

2) LXXVII. Aetate hac nostra non amplius expedit, religionem
catholicam haberi tamquam unicam Status religionem, ceteris quibus-
cumque cultibus exclusis.
Alloc. *Nemo vestrum* 26. Juli 1855.

im Jahre 1851 geregelt und das neue Uebereinkommen als Staatsgrundgesetz bekannt gemacht worden. In dieser Uebereinkunft war, wie der heilige Vater sagt, „unter verschiedenen Bestimmungen zum Schutze der katholischen Religion vor Allem festgestellt, daß diese Religion mit Ausschluß aller anderen Religionsübungen als alleinige Religion der spanischen Nation fortbestehen und deßhalb wie bisher im ganzen spanischen Reiche mit allen ihren Rechten und Privilegien als solche erhalten werden solle [1]).“ Diesem feierlichen Vertrage entgegen wurde einige Jahre später einseitig dieses ganze Rechtsverhältniß der Kirche beseitigt. Gegen diese offenbare Rechtskränkung protestirt nun der heilige Vater in jener Allocution, welcher der Satz des Syllabus entnommen ist. Wir haben die betreffende Stelle oben mitgetheilt. Daraus ergibt sich der Sinn derselben von selbst. Durch jenes Concordat mit Spanien vom Jahre 1851, in welchem die katholische Kirche als Staatsreligion anerkannt wurde, war ausgesprochen, daß auch in unserem Zeitalter es noch Verhältnisse geben könne, wo die katholische Kirche auf diese Stellung ein wohlbegründetes

---

1) Neque Vos latet, quomodo in eadem Conventione inter plurima, quae statuta fuerunt ad catholicae religionis rationes tuendas, cautum in primis fuerit, ut ipsa augusta religio, quocumque alio cultu excluso, pergens esse sola religio hispanicae Nationis, esset ut antea in universo Hispaniarum Regno conservanda cum omnibus juribus et praerogativis.

Recht habe. Solche Verhältnisse waren in Spanien
vorhanden, in diesem ausschließlich katholischen Lande mit
seinem katholischen Regentenhause und seinem alten Rechte.
Der Satz des Syllabus hat also keinen anderen Sinn, als
daß die Behauptung, daß es in unserem Zeitalter für kein
Land mehr angemessen und förderlich sei, die katholische
Kirche als Staatsreligion mit Ausschluß aller übrigen
Religionsübungen anzuerkennen, im Widerspruch mit dem
Verfahren des apostolischen Stuhles stehe und irrig sei.
Jedes Hinausgehen über diesen Sinn liegt nicht im Sylla=
bus und vor Allem wäre es deßhalb absolut willkürlich,
ihm den Sinn zu unterstellen, als ob es in der Absicht des
heiligen Vaters liege, damit auszusprechen, daß in allen
Ländern die katholische Religion mit Ausschluß der übrigen
Religionsbekenntnisse Staatsreligion sein müsse.

Der folgende Satz des Syllabus, der verworfen wird,
lautet:

„In lobenswerther Weise ist daher in gewissen
katholischen Ländern Allen, die dorthin einwandern, ge=
setzlich garantirt worden, daß die öffentliche Uebung der
eigenen Religion jedem zustehe [1].“

---

1) LXXVIII. Hinc laudabiliter in quibusdam catholici nominis re-
gionibus lege cautum est, ut hominibus illuc immigrantibus liceat
publicum proprii cujusque cultus exercitium habere.
Alloc. *Acerbissimum* 27. Sept. 1852.

Die Allocution, welcher dieser Satz entnommen ist, bezieht sich auf die Republik Neu=Granada in Süd=Amerika und wurde am 27. September 1852 gehalten. Er bezieht sich also erstens wieder auf ein ganz katholisches Land. Papst Gregor XVI. hatte dieser kleinen Republik eine be= sondere Liebe zugewendet und sogar einen eigenen Nuntius hingesandt. In Folge einer der vielen dort vorkommenden Staatsumwälzungen kam plötzlich ein ganz radicales Ele= ment an die Spitze, durch welches alsbald die Kirche ihrer ganzen Rechtsstellung beraubt und überdies gleichzeitig alle Freiheiten und zwar in der ausgedehntesten Weise procla= mirt wurden. Der heilige Vater tadelt nun in jener Allo= cution alle diese Rechtsverletzungen und zählt unter diesen tadelnswerthen neuen Gesetzesbestimmungen auch die auf (und diese Stelle bezieht sich auf den Satz des Syllabus), „daß Allen eine unbeschränkte Freiheit gewährt sei, jeden Gedanken und alle abenteuerlichen übertriebenen Meinungen durch den Druck verbreiten und sich sowohl im Privatle= ben als öffentlich zu jeder Religionsübung, welche sie auch immer sein möge, bekennen zu dürfen[1])."

Hier sehen wir wieder, wie nothwendig es ist, den Syllabus in seinem Zusammenhange aufzufassen und nicht

---

[1]) Et omnimodam omnibus tribui libertatem, ut quisque suas cogitationes ac monstrosa quaeque opinionum portenta typis quoque in vulgus edere et privatim publiceque quemlibet cultum profiteri valeat.

ohne Rücksicht auf denselben herauszudeuten, was jedem
beliebt. Der heilige Vater sagt also, daß eine unbeschränkte
Preßfreiheit und ebenso eine unbeschränkte Freiheit öffentlicher Religionsübung unstatthaft sei; er sagt dies den
Bewohnern eines katholischen Staates, und indem er diese
Stelle im Syllabus aufnimmt, spricht er, wenn wir den
Sinn ganz auf seinen eigentlichen Inhalt reduciren wollen,
lediglich und allein aus, daß es keine lobenswerthe Maß-
regel gewisser katholischen Länder gewesen sei, unbedingte
Freiheit der öffentlichen Uebung jedweder Religion gesetzlich zu
gewährleisten, und zwar nicht bloß für die ansäßigen Staats-
angehörigen, sondern selbst noch für alle beliebigen Einwan-
derer. Wir dürfen aber diesen Satz auch auf alle Staaten anwenden und behaupten, daß kein Staat der Welt die unbedingte Preßfreiheit und die unbedingte freie öffentliche Religionsübung zugestehen kann und zugestehen wird. Selbst Nord-
Amerika gesteht den Mormonen nicht das Recht der unbedingten freien öffentlichen Religionsübung zu. Der heilige
Vater spricht also hier einen nicht bloß vom Standpunkt
der Religion, sondern vom Standpunkt der allgemeinen
Menschenvernunft allgemein gültigen Satz aus[1]).

---

1) Wir bitten hierüber in dem so überaus lehrreichen Werke von
Walter: Naturrecht und Politik im Lichte der Gegenwart, Bonn 1853,
S. 490 ff. nachzulesen, wo gezeigt wird, daß alle neueren Staats-
rechts-Lehrer darin einverstanden sind, daß es gewisse Grenzen der

Der dritte verworfene Satz lautet:

„Denn es ist falsch, daß die staatliche Freiheit jeg=
licher Religionsübung, deßgleichen die allen gewährte volle
Freiheit, alle beliebigen Meinungen und Ansichten öffentlich
bekannt zu machen und zu verbreiten, dazu führe, die
Sitten und Gesinnungen der Völker desto leichter zu ver=
berben und die Pest des Indifferentismus zu verbreiten [1]).“

Dieser Satz ist so einfach und spricht so sehr nur den
Gedanken des einfachsten natürlichen Menschenverstandes
und des schlichtesten Sittengefühles aus, daß er kaum einer
Erklärung bedarf. Er ist entnommen der Allocution vom
15. Dezember 1856, die sich auf Mexiko und die damals
dort gleichfalls in der allerradicalsten Weise proponirte
Constitution bezieht. Insbesondere hebt der heilige Vater
hervor, daß „um die Sitten und Gesinnungen des Volkes
um so leichter zu verderben und die verabscheuungswürdige

---

freien Religionsübung geben müsse. Walter führt dort auch namentlich
die Worte aus Trendelenburg's Naturrecht §. 172 an: „Es hat die
Möglichkeit, verschiedene Religionen in sich zu dulden, für jeden Staat
seine Grenzen u. s. w.“ Wir wissen denen, die sich über alle Fragen
der Politik gründlich unterrichten wollen, kein besseres Buch anzu=
empfehlen, als das genannte von Walter.

1) Enimvero falsum est, civilem cujusque cultus libertatem
itemque plenam potestatem omnibus attributam quaslibet opiniones
cogitationesque palam publiceque manifestandi conducere ad populorum mores animosque facilius corrumpendos ac indifferentismi pestem prop gandam.

Alloc. *Numquam fore* 15. Dec. 1856.

Pest des Indifferentismus zu verbreiten und dadurch unsere heilige Religion zu beschädigen, die freie Uebung jeglicher Religion zugelassen und allen die unbeschränkte Befugniß eingeräumt werde, alle beliebigen Meinungen und Ansichten zu veröffentlichen und zu verbreiten [1]." Was ist nun hier als irrig bezeichnet? Lediglich die Meinung, daß unbeschränkte Freiheit öffentlicher Religionsübung und un= beschränkte Preßfreiheit unschädlich für die Sitten und für die Gesinnungen der Völker sei. Es wird sich aber auch wohl schwerlich ein Mensch finden, der dieser Behauptung des heiligen Vaters zu widersprechen wagte, und jedenfalls findet sie in allen europäischen Staaten und Gesetzgebungen die voll= kommenste Bestätigung und Anwendung.

Wir stehen jetzt schon am letzten Satz der in den Syllabus aufgenommenen Irrthümer des Liberalismus, dessen Inhalt so lautet:

„Der Papst kann und muß sich mit dem s. g. Fort= schritt, mit dem Liberalismus und mit der modernen Civi= lisation aussöhnen und vergleichen [2]."

---

1) Et ad populorum mores animosque facilius corrumpendos ac detestabilem teterrimamque indifferentismi pestem propagandam ac sanctissimam nostram religionem convellendam admittitur liberum cujusque cultus exercitium et omnibus quaslibet opiniones cogitatio-nesque palam publiceque manifestandi plena tribuitur potestas.

2) LXXX. Romanus pontifex potest ac debet cum progressu, cum liberalismo et cum recenti civilitate sese conciliare et componere. Alloc. *Jamdudum cernimus* 18. mart. 1861.

Wir haben uns in der Uebersetzung, wie unsere Leser bemerken werden, eine kleine Freiheit erlaubt durch Beifügung des Wörtchens „sogenannt;" dieselben werden sich aber sofort davon überzeugen, wie wohlbegründet diese Beifügung war, um den wahren Sinn des Satzes des Syllabus hervorzuheben. Gerade hier sehen wir in ganz besonderer Weise, wie noth= wendig es sei, die Sätze des Syllabus in ihrem betreffenden Zusammenhang zu betrachten, da dieser Satz seinem ein= fachen Wortlaute nach und ohne Vergleich mit dem ursprüng= lichen Zusammenhang eine total falsche, der Absicht des hei= ligen Vaters geradezu entgegengesetzte Deutung erfahren könnte [1]), als ob nämlich ein Zusammengehen der katholischen Kirche mit dem wahren Fortschritt und mit jeder Art libe= raler Gesinnung abgelehnt würde; davon war aber der heilige Vater weit entfernt. Dieser Satz des Syllabus ist entnommen jener erhabenen Allocution vom 18. März 1861, welche sich zunächst auf die Verhältnisse in Italien, sodann auch auf die ganze Weltlage und die in ihr kämpfenden geistigen Grundrichtungen bezieht. Wir können nur jene Gedanken hervorheben, die zur Beleuchtung des Sinnes des

1) H. Denzinger gibt in seinem geschätzten Werke: Enchiridion Symbolorum et Definitionum pag. IX. über die Interpretation der ver= worfenen Lehrsätze folgende, hier ganz zutreffende Regel an:

Multae etiam sunt propositiones, quae si ad verba sola respicias, sensum sanum admittant, in sensu tamen auctoris, in quo damnan= tur, perversae sunt atque rejiciendae. Qui sensus igitur vel ex dog= matum historia vel ex systematis damnati nexu desumendus erit.

Satzes des Syllabus nothwendig sind. Es bestehe, sagt
der heilige Vater, in unserer Zeit ein schwerer Kampf
zwischen der Wahrheit und dem Irrthume, zwischen
der Tugend und dem Laster, zwischen dem Lichte und der
Finsterniß in der bürgerlichen Gesellschaft. Man stelle
da gewisse Forderungen der angeblichen modernen Civili=
sation auf und namentlich verlange man, daß der römische
Papst sich mit dem Fortschritte, mit dem Liberalismus und
dadurch mit dieser modernen Civilisation versöhne und ver=
gleiche. Er geht dann dazu über, zu zeigen, welcher Miß=
brauch mit diesen Worten getrieben werde und wie darin
ein Geist sich geltend mache, der dem scheinbar guten Sinne
dieser Worte geradezu widerspreche; namentlich hebt er her=
vor, daß diese moderne Civilisation, während sie allen
Religionsübungen Freiheit gewähre, den Instituten der
katholischen Kirche, ihren geistlichen Genossenschaften und
den Dienern der Kirche diese Freiheiten verweigere; daß
dieselbe moderne Civilisation, während sie alle möglichen
nichtkatholischen Unternehmungen unterstütze, der katholischen
Kirche sogar ihr rechtmäßiges Eigenthum entziehe; daß
dieselbe moderne Civilisation, während sie die ungemessenste
Preßfreiheit dulde, welche die Kirche beschimpfe und die
Sittenlosigkeit immer mehr verbreite, gleichzeitig jeder Lebens=
thätigkeit der Kirche den feindseligsten Widerstand entgegen=
setze; während sie Alle straflos mache, in Bestrafung kirch=
licher Personen alles Maß der Strenge überschreite. Einer

solchen Civilisation könne nimmermehr der römische Papst
die Hand zur Versöhnung reichen, mit ihr nie ein Band
der Einigkeit schließen. Man möge, fährt der heilige Vater
fort, den Dingen ihren wahren Namen wieder zurückgeben.
Der heilige Stuhl sei immer der Beschützer und Beför=
derer der wahren Civilisation gewesen: das bezeuge
die Geschichte. Wenn man aber unter dem Worte Civilisation
ein auf die Beschädigung, ja Vernichtung der Kirche Christi
berechnetes System verbergen wolle, so könne der heilige Stuhl
und der römische Bischof freilich mit einer solchen Civilisation
sich nimmermehr verständigen. Das Angegebene genügt
vollkommen, um den Syllabus zu verstehen. Der heilige
Vater ist weit davon entfernt, eine Versöhnung mit dem
wahren Fortschritt und mit der wahren Civilisation als
unmöglich für die katholische Kirche behaupten zu wollen,
im Gegentheile — und jede Kundgebung des heiligen Vaters
und der katholischen Kirche ist dessen Zeuge: die katholische
Kirche ist und bleibt, wie er so schön sagt, Patrona et
Altrix, die Patronin und Ernährerin der wahren Civilisa=
tion für alle Zeiten; aber jenes Lügensystem, das sich
Fortschritt nennt, um gegen jeden sittlichen Fortschritt
zu kämpfen; das sich Liberalismus nennt, um die Freiheit
des Guten zu hindern, um die Freiheit des Bösen zu för=
dern; das sich Civilisation nennt, um die christliche Religion
rückgängig zu machen und uns wieder allen Greueln des
Heidenthums zuzuführen, hat der heilige Vater mit jenem

Satze des Syllabus zeichnen und verwerfen und die Katho=
liken darauf aufmerksam machen wollen, ein wie heilloses
Lügenspiel mit Worten getrieben wird und wie nöthig es
daher für sie sei, überall zu unterscheiden, in welchem Sinne
die Worte in der Welt gebraucht werden, wenn sie nicht
der Spielball des Lügengeistes werden und jeder Täuschung
sich hingeben wollen. Wir glauben dadurch vollkommen ge=
rechtfertigt zu sein, wenn wir in der Uebersetzung des Syl=
labus das Wort „sogenannt" eingeschaltet haben.

Den Sätzen des Syllabus, die sich auf unseren Gegen=
stand beziehen, wollen wir der Vollständigkeit wegen noch
den folgenden beifügen:

„Die Kirche ist vom Staat und der Staat von der
Kirche zu trennen[1])."

Die Erklärung gibt sich hier wiederum von selbst.
Der Papst verwirft die Lehre, welche auf eine totale Trenn=
ung zwischen Kirche und Staat hinzielt. Der heilige
Vater spricht hier in Bezug auf den Staat den Grundge=
banken der ganzen Allocution vom 8. Dezember 1864 aus;
indem die wesentliche Bedeutung derselben in dem Nach=
weise liegt, daß alle menschlichen Verhältnisse und das
ganze menschliche Leben in allen seinen Thätigkeiten mit
der Religion verbunden, von der Religion getragen sein soll.
Diesen Gedanken verfolgt der heilige Vater durch alle Thä=

1) LV. Ecclesia a Statu Statusque ab Ecclesia sejungendus est.
Alloc. *Acerbissimum* 27. Septembris 1852.

tigkeiten des Menschen, von seiner rein individuellen Denk=
thätigkeit angefangen, bis zu seinen letzten socialen Bezieh=
ungen. In Anwendung auf den Staat heißt dann dieser
Grundsatz so, wie er im Syllabus formulirt ist. Wir
wollen ihn noch in Verbindung bringen mit einigen andern
der Encyklika vom 8. Dezember 1864. Dort verwirft der
heilige Vater als absurd und gottlos den Satz:

„Die beste Staatsform und der bürgerliche Fort=
schritt fordere durchaus, daß die menschliche Gesellschaft
constituirt und regiert werde ohne jegliche Rücksicht
auf die Religion; gerade als ob eine solche gar nicht
existirte oder wenigstens ohne zwischen der wahren Religion
und falschen Religionen einen Unterschied zu machen 1).“

Hier verwirft der heilige Vater lediglich und allein,
was oben im Satz des Syllabus ausgesprochen ist, nämlich
die volle Trennung zwischen der bürgerlichen Gesellschaft
und der Religion, oder den religionslosen Staat; ja um
noch genauer zu sprechen, wird hier direct und unmittelbar
eigentlich nur die Ansicht, daß der religionslose Staat sogar
die beste Staatsform sei, die am meisten dem Wesen
des Staates entspreche und deßhalb überall erwirkt werden
müsse, verworfen.

---

1) Optimam societatis publicae rationem civilemque pro-
gressum omnino requirere, ut humana societas constituatur et gu-
bernetur nullo habito ad religionem respectu, ac si ea non existeret,
vel saltem nullo facto veram inter falsasque religiones discrimine.

Dahin gehört ferner der folgende Satz derselben Ency=
klika, in welchem der heilige Vater die Lehre als irrig be=
zeichnet: „Jener Staat sei am Besten bestellt, in welchem
der Regierung nicht die Pflicht obliegt, diejenigen, welche
die katholische Religion beschädigen, durch gesetzliche Strafen
in Schranken zu halten, als nur insoweit dies das Interesse
der öffentlichen Ordnung verlangt [1].“

Es wäre wieder eine ganz willkürliche, den unmittel=
baren Sinn verlassende Deutung dieser Stelle, daß hier der
heilige Vater für die Kirche einen Schutz durch Staatszwang
in Anspruch nehme von allen Regierungen, wie er in jenen
Staaten etwa der Kirche geleistet worden ist, wo die katho=
lische Kirche mit Ausschluß anderer Religionsgesellschaften
als alleinige Staatsreligion anerkannt worden war; wäh=
rend lediglich wieder die Ansicht verworfen wird, daß die
Kirche als solche auch den allgemeinen Staatsschutz nicht
genießen dürfe und daß diese totale Rechtlosigkeit der Kirche
als solcher — denn ein Schutz lediglich im Interesse des
öffentlichen Friedens ist nicht ein Rechtsschutz der Kirche,
sondern nur ein Rechtsschutz der Einwohner überhaupt gegen
die Störungen des Friedens — sogar die vollkommenste
Staatsform sei, zum Wesen des besten Staates gehöre.
Wir haben in diesem Irrthume lediglich eine Consequenz

---

1) Optimam esse conditionem societatis, in qua Imperio non
agnoscitur officium, coercendi sancitis poenis violatores catholicae
religionis, nisi quatenus pax publica postulet.

des Systemes des absolut religionslosen Staates vor uns,
die wohl in den Köpfen einiger Fanatiker der Gottlosigkeit
vorhanden ist, aber mit unseren wirklichen Zuständen noch
nichts zu thun hat.

Wir stehen jetzt vor der letzten Stelle der Encyklika,
welche sich mit unserer Frage beschäftigt. Im Anschluß
an die Bulle Gregor's XVI. verwirft der heilige Vater
die Lehre: „Die Freiheit des Gewissens und der öffentlichen
Religionsübung sei ein, jedem Menschen eigenes Recht,
welches in jedem wohlgeordneten Staate durch ein Gesetz
anerkannt und geschützt werden müsse, und jeder Bürger
besitze die unbedingte, durch keine, sei es kirchliche, sei es
bürgerliche Autorität zu beschränkende Freiheit, seine Ge=
danken, welche immer sie seien, sowohl mündlich als durch
die Presse und auf jede andere Weise öffentlich kund zu
geben und zu verbreiten 1)."

Dieser Satz hängt mit mehreren der früher erklärten
Sätze des Syllabus zusammen und ist nach dem Gesagten
selbstverständlich. Darnach ist eine Gewissensfreiheit in dem
Sinne unbeschränkter öffentlicher Religionsübung nicht ein
unveräußerliches Menschenrecht, das in jedem geordneten

---

1) Libertatem conscientiae et cultuum esse proprium cujuscunque
hominis jus, quod lege proclamari et asseri debet in omni recte con-
stituta societate et jus civibus inesse ad omnimodam libertatem
nulla vel ecclesiastica vel civili auctoritate coarctandam, quo suos
conceptus quoscunque sive voce, sive typis, sive alia ratione palam
publiceque manifestare ac declarare valeant.

Staate jedem Bürger ohne Ausnahme gewährleistet sein
müßte; oder mit andern Worten es ist ein Irrthum zu
sagen, daß unbeschränkte Gewissensfreiheit in Verbindung mit
unbeschränkter Preßfreiheit ein unveräußerliches Menschen=
recht sei, das in jedem geordneten Staate jedem Bürger
durch das Gesetz gewährleistet werden müsse, ohne von
irgend einer Autorität behindert werden zu dürfen.

Wenn wir nun alle in dem Syllabus und in der
Encyklika in der Hinsicht, die uns beschäftigt, verworfene
Irrthümer übersichtlich zusammenfassen wollen, so ergibt
sich folgendes Resultat:

Der Papst verwirft durchaus und in allen Consequen=
zen den religionslosen Staat;

Er verwirft in Folge dessen eine gesetzliche Ordnung,
wodurch der Kirche der allgemeine Rechtsschutz, der zum
Wesen des Staates gehört, entzogen wird;

Er verwirft die Ansicht, daß es für kein Land mehr
zuträglich sei, die katholische Kirche mit Ausschluß aller an=
deren Religionsübungen als Staatsreligion anzuerkennen;

Er verwirft schrankenlose öffentliche Religionsübung;

Er verwirft die Ansicht, daß schrankenlose Freiheit, alles
drucken und verbreiten zu dürfen, unschädlich für die Sitten
und die Gesinnung der Völker sei;

Er erklärt, daß es einen falschen Fortschritt, einen fal=
schen Liberalismus und eine falsche moderne Civilisation
gebe, denen wir Katholiken nicht beistimmen dürften.

Das ist Alles, was die Encyklika und der Syllabus in dieser Hinsicht als irrthümlich bezeichnet.

Wenden wir diese Grundsätze noch kurz auf die beiden Fragen an, ob hiernach der Satz, welchen wir in unserer Schrift „Freiheit, Autorität und Kirche" aufgestellt haben, nach Veröffentlichung des Syllabus nicht mehr gelehrt werden dürfe und ob wir berechtigt sind, Gewissensfreiheit und Parität in dem Sinne der preußischen Verfassungsurkunde für den Nordbund und die betreffenden deutschen Staaten als die beste Regulirung der kirchlichen Verhältnisse für diese Länder anzusehen.

Die Antwort auf beide Fragen scheint uns hiernach leicht.

Wir glauben mit vollem Rechte unsere Behauptung wiederholen zu dürfen, daß kein kirchlicher Grundsatz besteht, welcher einen Katholiken behindert, der Meinung zu sein, daß unter (den) gegebenen Verhältnissen die Staatsgewalt am besten thue, mit den angegebenen Beschränkungen volle Religionsfreiheit zu gewähren. Das mögliche Mißverständniß dieses Satzes kann höchstens in dem Artikel „den" liegen, welchen wir in dem vorigen Satze eingeklammert haben; insoweit nämlich dadurch dem Satze die Deutung gegeben würde, als ob wir für die ganze Welt und ohne Ausnahme die Freiheit der öffentlichen Religionsübung als das zweckmäßigste erachteten. Dann stünde unserer Ansicht freilich ein kirchlicher Grundsatz entgegen, da der heilige Vater in rein katholischen Staaten, wo die katholische Kirche als Staatsreligion durch die Gesetze garantirt war, die Aufrechthaltung dieses Zustandes als ein Recht der Kirche in Anspruch genommen hat und mithin für die Interessen der Kirche förderlich hält. Uns war aber eine solche Auffassung nicht eingefallen; wir dachten in unserer zunächst für die Katholiken Deutschlands bestimmten Schrift nicht an rein katholische Länder und wollten lediglich sagen, daß unter den in Deutschland gegebenen und ähnlichen Verhältnissen ein Katholik, ohne dadurch gegen einen Grundsatz der Kirche zu verstoßen, Gewissensfreiheit, oder, um noch richtiger zu sprechen, da Gewissensfreiheit ja lediglich eine Sache des inneren Geistes und daher auch immer vorhanden ist — Freiheit der öffentlichen Religionsübung mit den nothwendigen Beschränkungen für zulässig halten dürfe und diese Ansicht hat der Syllabus nicht verworfen.

Was dann aber die preußischen Verfassungsbestimmungen und überhaupt eine gesetzliche Regelung der kirchlichen Verhältnisse nach den Grundsätzen der Parität betrifft, so ergeben sich für uns aus allem Gesagten folgende Grundsätze:

1. Wir dürfen nicht Parität fordern aus Indifferentismus, nicht in dem Sinne, als ob alle Religionsbekenntnisse gleich gut wären, wodurch jede wahre innere Ueberzeugung aufgehoben wäre;

2. Wir dürfen nicht Parität fordern in dem Sinne,

als ob eine solche Ordnung das ausschließlich berechtigte Ideal der Stellung der Kirche sei, dem Wesen des Staates allein und vollkommen entspreche; wodurch zugleich behauptet würde, daß das Verhältniß zwischen Kirche und Staat im ganzen Mittelalter bis auf die neueste Zeit lediglich eine große Verirrung gewesen wäre;

3. Wir dürfen auch nicht Parität oder Religionsfreiheit fordern in dem Sinne der Trennung der Kirche von dem Staate, in dem Sinne des religionslosen, des atheistischen Staates. In dieser Hinsicht hat vielfach in Frankreich und noch mehr in Belgien unter den Katholiken eine nicht richtige Ansicht bestanden; man hat dort in der That die Religionsfreiheit hier und da in diesem Sinne der vollkommenen Trennung verstanden und es haben sich deßhalb viele katholische Männer der falschen und in ihren Wirkungen namenlos verderblichen Auffassung hingegeben, als ob der Staat dieser Trennung wegen sich jetzt gar nicht mehr um die Religion zu bekümmern und folglich bei allen seinen staatlichen Institutionen auf die religiöse Gesinnung seiner Untergebenen gar keine Rücksicht mehr zu nehmen habe; das ist sicher verkehrt und nicht entfernt eine Folgerung aus dem Grundsatze der Parität oder der Gewissensfreiheit, sondern vielmehr eine Folgerung aus einer ganz abstracten, thörichten Staatsidee. Der einzelne Staat, wie er besteht, ist nicht für ein abstractes Menschthum da, sondern für die Menschen, die in seinem Territorium wohnen und er muß sie nehmen

und anerkennen, wie sie sind, mit allen ihren Bedürfnissen und mit ihrer ganzen Existenz. Wenn auch der Staat qua Staat keine Staatsreligion mehr hat, keine einzelne Confession für den Staat als ausschließlich berechtigt hält, so folgt daraus nicht das Absurdum, daß er auch jetzt seine Angehörigen als Menschen ohne Religion ansehen und behandeln dürfe. Er muß sie vielmehr nehmen, wie sie sind und zwar wie sie zu sein berechtigt sind; er muß die Katholiken, die Protestanten, die in seinem Lande berechtigt sind, zur freien und offenen Uebung ihrer Religion, als Katholiken mit ihrer katholischen Ueberzeugung, als Protestanten mit ihrer protestantischen Ueberzeugung in allen seinen Gesetzen, in allen seinen Institutionen, in allen seinen Anordnungen, namentlich auch in allen von ihm gegründeten Schulen, von der Elementarschule an bis zur Universität, anerkennen und respectiren. Es sei daher ferne von uns, uns diesen verderblichen Irrthümern einiger Katholiken in Frankreich und Belgien bis auf den heutigen Tag anzuschließen. Wenn auch der Türke über uns regieren würde und wir das Recht hätten, in diesem Lande als Katholiken zu leben, so würden wir von ihm fordern, daß er auf uns als Katholiken Rücksicht nehme in seiner Regierung, wo immer er mit uns in Berührung träte. Diese wesentliche Unterscheidung zwischen einem Systeme vollständiger Trennung und berechtigter Parität müssen wir stets im Auge behalten.

4. Dagegen sind wir vollkommen berechtigt, Parität

und beschränkte Religionsfreiheit unter gegebenen Verhält=
niſſen zuzugeſtehen und zu verlangen; wir ſind vollkommen
berechtigt, anzunehmen, daß ſolche Verhältniſſe namentlich
vorhanden ſind in allen den Ländern, die wir bei dieſer
Erörterung im Auge haben. Ja wir ſind ſogar vollkommen
berechtigt, dieſe Art paritätiſcher Regelung für dieſe Länder
und dieſe Verhältniſſe nicht nur als das Beſte, ſondern
als das Nothwendige anzuſehen und das iſt unſere Ueber=
zeugung bezüglich aller der Länder, wo dieſelben Verhält=
niſſe wie in Preußen beſtehen.

5. Das einzige Bedenken, um keinen Gedanken zu
übergehen, der hier in Betracht kömmt, könnte der Art. 12
der preußiſchen Verfaſſung erregen, nämlich inſofern als
man annehmen wollte, daß dadurch eine ganz unbeſchränkte
Freiheit des religiöſen Bekenntniſſes gewährleiſtet ſei [1]).
Wir haben in der wiederholt citirten früheren Schrift erör=
tert, daß eine Religionsfreiheit, die gegen das Sittengeſetz
verſtößt oder den Glauben an Gott leugnet, nach katho=
liſchen Grundſätzen nie zugeſtanden werden darf. Die
Autorität der Kirche ſtimmt hierin, wie wir oben ſahen,
mit der Wiſſenſchaft bis auf den heutigen Tag vollkommen
überein und ebenſo ſteht ihr dabei auch der geſunde Men=
ſchenverſtand zur Seite; denn eine Religion ohne Gott iſt

---

1) Art. 12. Die Freiheit des religiöſen Bekenntniſſes, der
Vereinigung zu Religionsgeſellſchaften und der gemeinſamen häuslichen
und öffentlichen Religionsübung wird gewährleiſtet.

ebenso widersinnig, als eine Religionsübung, die das Sittengesetz verletzt; Beides ist im Widerspruche mit dem Wort-
sinne. Aber in der preußischen Verfassung finden sich
hinreichend diese nothwendigen Beschränkungen und so ist
auch in dieser Hinsicht es unbedenklich, sich ihr anzuschließen.

XIII.

Die Lage der katholischen Kirche.

——

Es ist wohl angezeigt, daß wir bei unserem Blick in die Zukunft, bei den Hoffnungen und Befürchtungen, die wir ausgesprochen haben, auch die Lage der katholischen Kirche unter den sich neu gestaltenden Verhältnissen, die Schwierigkeiten, die ihr bevorstehen, die Aufgabe, die sie nach Gottes Willen zu lösen hat, näher in's Auge fassen. Ohnehin wird die katholische Kirche als die von Gott auf Erden für alle Zeiten und zur Erlösung aller Menschen gegründete Anstalt auch in der Zukunft der innerste Mittel= punkt aller großen geistigen Kämpfe der Welt bleiben. So war es schon in den ersten Jahrhunderten. Kaum war der Sohn Gottes auf Erden in einem fernen Winkel der Welt und unter den unscheinbarsten äußeren Verhältnissen erschienen, da war die Welt gezwungen, von diesem gött=

lichen Lichte, das zu leuchten anfing, Kenntniß zu nehmen, und bald war dieses Senfkörnlein in der Kirche so herangewachsen, daß es der Mittelpunkt der großen Bewegungen des mächtigen römischen Reiches wurde. So war es im ganzen Mittelalter, die Kirche war der Mittelpunkt aller geistigen Bewegung, aller geistigen Kämpfe. So wird es auch in der Zukunft sein. Der Kampf gegen die Wahrheiten, die Gott in der Kirche, der Säule und Grundfeste der Wahrheit für alle Zeiten, niedergelegt hat, auf der einen Seite; der Sieg dieser Wahrheiten trotz aller scheinbaren Niederlagen, und der Segen, den dieser Sieg begleitet, auf der anderen Seite: das ist die Achse, um die sich das geistige Leben und Ringen der Welt dreht bis an das Ende derselben. Wir können daher nicht von der Zukunft reden, ohne auch von der Kirche zu reden. Für Alles, was da Gutes geschehen wird, muß sie die Grundlage legen: die geistigen Grundlagen in den ewigen, unveränderlichen Wahrheiten der Offenbarung, der Lehren Jesu, die sie als eine göttliche Hinterlage in der Menschheit, als ein heiliges, leuchtendes Feuer vom Himmel, treu bewahrt; die sittlichen Grundlagen in den Pflichten, welche sich aus diesen Wahrheiten ergeben und in den Geboten Gottes enthalten sind, die sie ohne Unterlaß den Menschen in allen Ständen und in allen Verhältnissen verkündet.

Wenn wir nun zuerst auf die äußere Lage der katholischen Kirche in und außer Deutschland hinblicken, so sehen

wir einen überaus großen Unterschied im Vergleiche zu
unserer nächsten Vergangenheit. Es sind noch keine hundert
Jahre her, daß die katholische Kirche fast in allen katholischen Staaten auch in der bürgerlichen Gesetzgebung als
die von Gott gegründete Anstalt der wahren Religion anerkannt wurde; es sind noch keine hundert Jahre her, daß
die katholische Kirche in allen diesen Staaten deßhalb als
die allein berechtigte Staatsreligion angesehen, daß Fürsten
und christliche Völker es als die erste Pflicht betrachteten,
sie zu schützen und ungerechte Angriffe von ihr abzuhalten.
Durch die Stiftungen, welche im Laufe der vielen christlichen Jahrhunderte der Opfergeist der Christen ins Leben
gerufen, besaß die Kirche zugleich in größter Ausdehnung
alle Anstalten, die ihr zur Förderung ihrer Sendung nöthig
waren. Alle katholischen Länder waren bedeckt mit den
großartigsten Anstalten für die Wissenschaft durch alle Stufen
derselben, für die Werke der Barmherzigkeit, für die Pflege
des höheren christlichen Lebens und der christlichen Vollkommenheit. Das war der äußere Zustand der Kirche in allen
katholischen Ländern Europas noch vor hundert Jahren.
Welche Veränderung, wenn wir auf die äußere Lage der
Kirche in der Gegenwart sehen! Damals stand noch das
alte katholische Kaiserhaus an der Spitze Deutschlands, jetzt
ist es wie eine fremde Macht von Deutschland getrennt;
damals herrschten katholische Fürsten über die katholischen
Länder, jetzt stehen die meisten Katholiken in Deutschland

unter proteſtantiſchen Regierungen; damals waren in den
Reichsſtänden, die an der oberſten Reichsgewalt theilnahmen,
die Katholiken die vorwiegenden, jetzt haben ſie in der
oberſten Spitze faſt keine Vertretung; damals hatte überdies
die Kirche in ganz Deutſchland ein reiches Vermögen für
ihre Zwecke, das alles`iſt ihr bis auf weniges eigentliches
Pfründevermögen vollſtändig entzogen; damals beſtand noch
ein großes Reichsband, das alle Katholiken und alle katho=
liſchen Bisthümer mit einander verband; jetzt dagegen ſind
die einzelnen Diöceſen in zahlloſe kleine Länder vertheilt
und waren in ihnen vielfach bis vor wenigen Jahren iſolirt
und losgelöſt, den feindſeligſten Bedrückungen einer feind=
ſeligen Bureaukratie ausgeſetzt; damals war im Oſten
Deutſchlands noch ein großes treues katholiſches Volk —
Polen, das katholiſchen Einfluß weithin nach Oſten ver=
breitete; jetzt iſt dieſes Volk von der Karte verſchwunden
und mit ſeinem Glauben der barbariſchſten Verfolgung
ausgeſetzt; damals herrſchte noch unbeſtritten in allen
romaniſchen Ländern Europa’s die katholiſche Religion; jetzt
ſind alle dieſe Völker von Regierungen beherrſcht, die ent=
weder ganz entſchieden und offen, oder verdeckt die katho=
liſche Kirche bedrücken und verfolgen. Dieſer große Wechſel
in der äußeren Lage der Kirche erhält endlich ſeine Krone
in dem, was wir jetzt in Italien erblicken. Nachdem der
Geiſt der Revolution die Kirche ihrer ganzen äußeren Stell=
ung faſt überall ſchon beraubt hat, greift er auch das

Oberhaupt der Kirche mit aller Wuth an und will ihm
das rauben, was ihm die Ehrfurcht der christlichen Völker
und der christlichen Fürsten in dem Laufe der Jahrhunderte
unter der Leitung der göttlichen Vorsehung gegeben hat.
Wir stehen vielleicht nahe vor der Zeit, wo der Vater der
Christenheit, ähnlich wie der, dessen Stelle er vertritt, kaum
noch einen Platz finden wird, wo er sein Haupt niederlegen
kann. So ist die äußere Lage der Kirche in dem kurzen
Zeitraum eines Jahrhunderts geworden.

So überaus schmerzlich diese Schicksale der Kirche aber
auch sind, so unermeßlich ungerecht die Handlungen derer
waren, welche die Kirche in diese Lage versetzten, so müssen
wir dennoch auch auf sie die Grundsätze anwenden, die
wir in unserer Einleitung ausgesprochen haben. Wenn
Gott schon das Leben jedes einzelnen Menschen liebevoll
leitet, so gewiß um so mehr das Leben seiner Kirche, der
er die Verheißung gegeben hat, daß er bei ihr bleiben wolle
bis an's Ende der Welt; und wir dürfen deßhalb nicht
zweifeln, daß solchen außerordentlichen Ereignissen in der
Geschichte der Kirche tiefe Rathschlüsse Gottes zu Grunde
liegen. Fragen wir aber, warum Gott das Alles zuge=
lassen hat, so können wir ohne Vermessenheit mehrere Ant=
worten geben. Zuerst müssen wir ihnen gegenüber jenes
Bekenntniß des Glaubens ablegen, welches uns das Wort
Gottes lehrt: „O Tiefe des Reichthums der Weisheit und
der Erkenntniß Gottes! Wie unbegreiflich sind seine Ge=

richte und wie unerforschlich seine Wege! Wer hat den
Sinn des Herrn erkannt? oder wer ist sein Rathgeber
gewesen[1]?" Wir können die Weisheit der göttlichen Welt=
leitung nie ergründen; erst in der Ewigkeit werden uns
alle Wege Gottes offenbar werden. Der ganze Verlauf
der Kirche Gottes auf Erden ist wunderbar und überall
finden wir die Spuren der unerforschlichen Rathschlüsse
Gottes. Eben dadurch will Gott unseren Glauben und
unser Vertrauen prüfen.

Ferner können wir zur Erklärung dieser Leiden der Kirche
auf das hinblicken, was uns die heilige Schrift bezüglich ihrer
so deutlich vorhergesagt hat. Aehnlich wie Gott im alten
Bunde nicht nur den Erlöser verheißen, sondern auch das ganze
Leben des Erlösers vorher verkündet hat, damit die Welt den
kommenden Erlöser an diesem Bilde erkenne, so hat er uns
im neuen Bunde die Schicksale seiner Kirche vorhergesagt,
damit, wenn sie eintreten, wir nicht in unserem Glauben
erschüttert würden, sondern vielmehr in ihnen den Finger
Gottes erkännten. Unter diesen Kennzeichen der Kirche
Christi ist aber keines öfter hervorgehoben, als jenes des
Kreuzes, der Kämpfe und Leiden bis an's Ende der Welt
und des Sieges im Kreuze. Wir können uns eher wundern,
daß es Jahrhunderte gegeben hat, in denen die Kirche auf
Erden eine gewisse äußere Ruhe genoß, als darüber daß
Verfolgungen und Ungerechtigkeiten ihr zu Theil werden,

---

[1] Röm. XI, 33 f.

wenn wir auf das Bild hinblicken, welches das Wort Got=
tes von dem Verlauf ihrer Geschichte entwirft. Beides
erfüllt sich in gleicher Weise: der Kampf der Pforten der
Hölle wider sie und die Ohnmacht aller Angriffe der Hölle
gegen den Felsen, auf den sie gebaut ist. Das Kreuz im
Leben der Kirche ist uns daher ein göttliches Kennzeichen,
daß sie von dem gestiftet ist, der durch das Kreuz die
Welt überwunden hat.

Aber noch andere Gründe, die wir der Bestimmung
und dem Wesen des Christenthums entnehmen, erklären uns
einigermaßen diese wunderbaren Wege, auf denen Gott
seine Kirche führt und warum er namentlich solche und
ähnliche Ereignisse zugelassen hat, wie wir sie oben betrachtet
haben. Nachdem unsere deutschen Voreltern Christen ge=
worden, vor Christus, dem Sohne Gottes, ihr Knie gebeugt
und die Kirche als Gottes Anstalt erkannt hatten, so ver=
stand es sich für sie von selbst, daß sie nun auch die Pflicht
hätten, mit ihrem tapferen Schwerte diese Gottesanstalt zu
vertheidigen. Aus dieser einfachen Anschauung entsprang
die Stellung der Kirche im Mittelalter. Sie war das un=
mittelbare und nothwendige Ergebniß des lebendigen Glau=
bens. So wohl begründet aber diese Stellung in ihrem
Ursprunge war, so ergaben sich daraus doch im Laufe der
Zeit unter den veränderten Umständen durch die Verkehrt=
heit der Menschen mancherlei Hindernisse für die Kirche in
Erfüllung ihrer göttlichen Sendung, insbesondere seitdem

11 *

durch den Abfall von der katholischen Kirche im sechszehnten Jahrhundert eine so tiefe Spaltung in der Christenheit entstanden war. Wir wollen vier dieser Hindernisse er=wähnen.

Dadurch daß die Fürsten, welche von der Einheit der Kirche sich getrennt hatten, die altchristliche Auffassung über das Verhältniß der christlichen Kirche zum Staate, über den der Kirche gebührenden ausschließlichen Rechtsschutz, auch auf die von der Kirche losgetrennten Theile anwendeten, wurden erstens alle diese Länder jedem Einfluß der katholischen Kirche vollständig entzogen. Das geschah zuerst mit der griechisch schismatischen Kirche und dann nach der Reformation mit allen protestantischen Landeskirchen. Was ursprünglich ein Schutz für die katholische Kirche gewesen war, wurde nun eine Waffe gegen sie. Wie das weltliche Schwert früher die Kirche Gottes beschützt hatte, so schützte es jetzt in diesen Ländern die von der allgemeinen Kirche losgetrennten Theile und hinderte die Kirche in allen diesen großen Länderstrichen, ihre göttliche Mission zu üben. So geschah es, daß, nach=dem diese Zustände Reichsgesetz geworden waren, die katho=lische Kirche nach den Gesetzen des heiligen römischen Reiches von den Territorien aller nichtkatholischen Reichsstände (soweit nicht die Clausel des Westphälischen Friedens bezüglich des Normaljahres sie schützte) ausgeschlossen war. So hatte sich ein ursprünglich so wohl begründetes Rechtsverhält=niß in das gerade Gegentheil umgestaltet. Wie konnte

da geholfen werden? Sollten diese Landesgrenzen für immer
der göttlichen Sendung der Kirche verschlossen bleiben?
Sollten die Glaubensspaltungen in der Christenheit, die
jetzt mit der ganzen Rechtsordnung der christlichen Völker
so tief verwachsen waren, zugleich mit dieser Rechtsordnung
oder vielmehr durch dieselbe von der göttlichen Vorsehung
erhalten werden? Wenn wir hierüber nachdenken und dann
auf die Trümmer der alten Rechtszustände hinblicken, so
müssen wir die geheimnißvollen Wege der Vorsehung
anbeten.

Zweitens war aber auch der Rechtsschutz, welcher der
katholischen Kirche in den katholischen Ländern geblieben
war, vielfach für sie ein Hemmniß ihres göttlichen Lebens
geworden. Die Richtung vieler katholischen Fürsten, namentlich aller Bourbonen, ging in den letzten Jahrhunderten
darauf hinaus, sich den Schutz, den sie der Kirche gewähr-
ten, durch Privilegien und Rechte, wodurch sie sich bis in
das innerste Leben der Kirche einmischen konnten, gleichsam
bezahlen zu lassen. Sie schützten die Kirche nicht mehr
lediglich aus einer hohen heiligen Glaubensüberzeugung,
sondern auch um daraus für ihre absolutistischen Macht-
bestrebungen Gewinn zu ziehen; als Mittel zu ihren selbstsüchtigen Zwecken. Am Ende dieser unseligen Periode konnte
dann der Gallicanismus, der Febronianismus, der Josephinismus ein System aller dieser Anmaßungen der weltlichen
Gewalt aufstellen, bei dem die von Gott gegründete Ord-

nung der Kirche nur dem Scheine nach noch fortbestand, in dem Wesen aber vollständig aufgehoben war. Die Ehren und Rechte, welche christliche Fürsten und christliche Völker im lebendigen Glauben der Kirche Gottes verliehen hatten, wurden jetzt in der Hand der Fürsten der letzten Jahrhunderte lauter Handhaben zur Knechtschaft; daraus wurden die Ketten geschmiedet, womit man die Kirche Gottes fesselte. Wer schaudert nicht zurück vor diesen allerchristlichsten Königen mit ihrer bodenlosen Unsittlichkeit, mit ihren Hofcardinälen und Hofbischöfen, die unter dem Scheine der vollkommensten Eintracht mit der Kirche Gottes das göttliche Leben in derselben mehr beschädigten, als jene römischen Kaiser, welche die Christen im Amphitheater den wilden Bestien vorwarfen? Wer schaudert nicht davor, daß solche Könige und ihre Creaturen sich anmaßten, alle Bisthümer und alle Abteien in ihrem Lande nach Willkür zu besetzen? Wer schaudert nicht vor allen diesen Zuständen, die so wesentlich dazu beigetragen haben, jenen Geist zu erzeugen, der in den Encyklopädisten und dann in der französischen Revolution auftrat? Auch hier sehen wir also wieder Rechtsverhältnisse, die in ihrem Ursprung wohl berechtigt und segensreich waren, in ihrer Entwickelung aber, sowie sie sich am Ende des vorigen Jahrhunderts ausgestaltet hatten, das Leben der Kirche fast nicht weniger hemmten, als jene „Rechte," welche die Kirche von ganzen Ländern ausschloß. Auch diese Ordnung der Dinge konnte in den Augen der ewigen Wahrheit von da an keinen Werth mehr haben, wo sie äußerlich noch den Schein des Glaubens verbreitete, innerlich aber zur tiefsten Bedrückung des göttlichen Lebens der Kirche geworden war.

Hieran knüpft sich noch ein drittes Hinderniß, welches durch die bezeichneten Rechtszustände sich dem wahren Geiste der Kirche entgegen stellte. Dieser Rechtsschutz war nämlich nicht nur vielfach für die Kirche selbst eine Zwangsjacke, sondern auch nur allzu häufig für ihre Diener und Kinder eine Veranlassung geworden, sich auf ihn zu stützen und deßhalb die göttliche und übernatürliche Kraft, die im Christenthum niedergelegt ist, zu vernachlässigen. Alles auf Erden kann entarten, Alles mißbraucht werden. Einzelne Diener der Kirche legten mehr Gewicht auf die Macht des Staates, als auf die Macht der Kirche; sie setzten mehr Vertrauen auf den menschlichen Beistand, als auf den, welchen Gott seiner Kirche verheißen hat. Sie dachten mehr an Staatsschutz, als an Gottesschutz, mehr an die Hilfe der Menschen, als an die Hilfe Gottes. Daraus entstand dann jener Servilismus, der mehr besorgt war, sich mit den Dienern des Staates, als mit Gott im Einvernehmen zu halten; daraus entstand jene träge, geistlose, kleingläubige Gesinnung, die von der Gotteskraft der Kirche nichts mehr weiß, die überall rath- und hilflos ist, die immer glaubt, es sei mit der Kirche aus, wenn sie nicht in gewohnter Weise von der Staatshilfe unterstützt wird. Wir wissen wohl, daß solche Gesinnungen nur eine Entartung waren; sie waren aber

leiber nur zu sehr verbreitet und haben dem christlichen
Leben tiefe Wunden geschlagen. Der Fels, auf den die
Kirche gegründet ist und der sie gegen die Macht der Hölle
schützt, ist kein irdischer, kein Fels, den Menschen gelegt
haben, sondern ein Fels, den Gottes Hand gegründet hat.
Je mehr alle Glieder der Kirche und vor Allem ihre Diener
von dieser Ueberzeugung getragen sind und mit der Kraft
Gottes kämpfen, desto siegreicher ist die Kirche der Welt
gegenüber. Vielleicht hat Gott uns nun die weltliche Hilfe
entzogen, damit wir um so mehr der göttlichen vertrauen;
vielleicht das weltliche Schwert verworfen, damit wir um
so freudiger das geistige Schwert und die Waffenrüstung
Gottes ergreifen.

Endlich müssen wir noch ein viertes Hinderniß hervorheben, welches die Kirche in den früheren Verhältnissen
vielfach hemmte, ihre Sendung bezüglich jener zu erfüllen,
die nicht zu ihr gehören. Ein äußeres in den Landesgrenzen, welche die Kirche nicht überschreiten durfte, haben wir
schon erwähnt; hier begegnet uns ein inneres. Die Kirche
soll alle Menschen zur Erkenntniß jener Wahrheit führen, die
Gott ihr anvertraut hat, und dadurch alle Menschen der
Erlösung theilhaftig machen. Die göttliche Vorsehung leitet
daher auch die Schicksale der Kirche nach dieser ihrer Bestimmung, um so allen Menschen die Wege zu bahnen, zu
ihr zu kommen. Alle Hindernisse nun, welche jene, die von
ihr getrennt sind, abhalten, in ihr die Wahrheit zu erkennen,

laſſen ſich kurz ſo zuſammenfaſſen: ſie erkennen nicht
in ihr die Gotteskraft und die Gottesweisheit und ſehen
in Allem nur Menſchenwerk und Menſchenklugheit. So
lange ſie von der Kirche getrennt ſind, ſind ſie innerlich
genöthigt, Alles an ihr natürlich zu erklären; alle Thaten
Gottes in der Kirche, ihr ganzes wunderbares Leben auf
einen natürlichen Grund zurückzuführen, denn ſonſt müßten
ſie ja Gottes Werk in ihr erkennen und in ihren Schoß
zurückkehren. Die katholiſche Kirche mit ihrer wunderbaren
Einheit — in dieſer Welt der Zerriſſenheit und Auflöſung;
mit ihrer Treue gegen die übernatürliche Lehre des Chriſten=
thums — in einer Zeit, die über alles Uebernatürliche lacht
und höhnt; mit ihrem ruhigen, feſten Vertrauen einer un=
erſchütterlichen Fortdauer — unter allen Anfeindungen und
Verfolgungen; mit ihrer Opferwilligkeit — in einer Zeit, die
ganz der Selbſtſucht und dem Gelderwerbe lebt; mit ihren
Tauſenden von Prieſtern, welche die Enthaltſamkeit wählen —
in einer Zeit, die allen Leidenſchaften dient; mit ihren zahl=
loſen Ordensleuten, die Alles verlaſſen, um ſelbſt arme
Diener der Armen und der Nothleidenden zu werden — in
einer Zeit, welche die Armuth für das größte Uebel hält;
iſt zugleich eine Thatſache, die man ſehen muß, mag man
die Augen noch ſo feſt verſchließen, und ein Problem, das
man erklären muß. Dieſe Erſcheinung muß ihren Grund
haben: entweder iſt ſie Menſchenwerk, und dann müſſen
ſich die natürlichen Gründe auffinden laſſen; oder ſie iſt

Gotteswerk, und dann müssen Alle in ihr die Anstalt Gottes zum Heile der Menschen anerkennen. Alle unsere Gegner bemühen sich daher, natürliche Gründe aufzufinden und dadurch das ganze Leben der Kirche und alle Erscheinungen in ihr zu erklären. Fast das einzige Argument aber bei die= sem Bemühen ist eben die äußere Stellung, welche die Kirche eingenommen hat. Die Einheit der Kirche, diese wunder= bare Kraft, welche die Herzen so vieler Millionen Katho= liken in der ganzen Welt mit dem Einen sichtbaren Ober= haupt verbindet; diese Einheit, die Christus selbst in seinem letzten Gebete erflehte, als er für seine Kirche die Gnade erbat, daß sie so eins sein möge, wie er selbst mit dem Vater eins ist; diese Einheit, die er dann als das eigentliche Kennzeichen seiner Kirche, an der die Welt erkennen solle, daß er sie gegründet habe, hingestellt hat, will man nicht als solches, nicht als Wirkung des Geistes und Schutzes Christi anerkennen, sondern durch die irdische Machtstellung des Papstes er= klären, so thöricht diese Erklärung auch sein mag. Man macht den Vatikan, ich weiß nicht, zu welcher irdischen Macht, man spricht von den Donnern des Vatikans und benutzt dann den Zauber, den Worte üben, zu dem Scheine, als ob damit alle Liebe und Ehrfurcht, die das Oberhaupt der Kirche in der ganzen Welt genießt, vollkommen erklärt sei. Aehnlich macht man es mit allen andern Erscheinun= gen an der Kirche. Der Umfang der natürlichen Motive, welche die von Gott abgefallene Welt bewegt, ist nicht groß.

Der heilige Johannes reducirt sie auf drei: Augenlust, Fleischeslust und Hoffahrt des Lebens. So möchte man denn auch, um nicht Gott die Ehre geben zu müssen, dadurch so ziemlich das ganze Leben der Kirche erklären. Bischöfe, Priester, Ordensleute, gute Katholiken, wir Alle sollen alle unsere Liebe und Treue, die wir der Kirche darbringen, aus eigennützigen, gemeinen, irdischen Motiven schöpfen, und der Schein, der dieses Bemühen unterstützt, wird immer wieder aus derselben Quelle, aus der äußeren Stellung der Kirche hergenommen. Da scheint es uns nun, daß Gott in unseren Tagen wieder die Wege, um die Menschen zur Erkenntniß der Wahrheit zu führen, einschlagen will, die er damals gewählt hat, als er in derselben Absicht Mensch geworden ist. Wäre er mit irdischem Glanze und mit menschlichen Hilfsmitteln auf Erden erschienen, so würde die Welt nicht zur Erkenntniß seiner Gottheit gekommen sein und vielmehr seiner irdischen Macht seine Thaten zugeschrieben haben; dadurch aber daß er allen irdischen Mitteln entsagte und vom Kreuze herab die Welt überwunden hat, hat er sie gezwungen, die göttliche Kraft in seinem Werke anzuerkennen. Auf demselben Wege hat er seine Kirche in den ersten christlichen Jahrhunderten geführt; auf demselben scheint er sie am Ende der Zeiten wieder führen zu wollen. Die Welt wird dadurch gezwungen werden, anzuerkennen, daß die Kirche nicht das Werk der Menschenhand und irdischer Mittel, sondern das Werk

Gottes ist. Die Verherrlichung Gottes in seiner Kirche wird dadurch um so größer werden.

Wenn wir alle diese Hindernisse, die aus der gesammten alten Rechtsordnung dem Leben der Kirche und der Erfüllung ihrer göttlichen Mission erwuchsen, betrachten, so können wir es einigermaßen begreifen, warum Gott die Stellung, welche seine Kirche seit den Zeiten Constantins besaß, ihr rauben ließ. Wir wissen wohl und wollen es wahrlich nicht verschweigen, daß diese Stellung an sich der Kirche Gottes gebührte, und daß alle Hindernisse, welche später aus ihr entsprungen sind, nicht durch jene Stellung selbst verursacht wurden, sondern durch die Verkehrtheit der Menschen, welche sie mißbraucht haben. Wir sind daher weit davon entfernt, die Huldigungen, welche die christliche Welt der Kirche Gottes im staatlichen Leben dargebracht hat, tadeln zu wollen; wir halten sie vielmehr für ein nothwendiges Resultat der Bekehrung der Völker zum Christenthum und der Einheit des Glaubens. Noch weiter sind wir davon entfernt, durch das, was wir sagten, jenen Kirchenräubern eine Stütze zu bieten, die vom Geiste des Unglaubens getrieben, halb in Heuchelei, halb in Hohn, der Kirche damit eine Wohlthat zu erweisen behaupten, daß sie dieselbe berauben und mißhandeln. Wir werden aber das Walten der göttlichen Vorsehung in der Geschichte der Kirche nie begreifen, wenn wir es nur nach den Gesetzen der strengen Gerechtigkeit beurtheilen wollen. Die Erlösung

ist barmherzige Liebe, die Menschwerdung ist barmherzige
Liebe, das Leben Jesu ist barmherzige Liebe, das Leben der
Kirche ist barmherzige Liebe. Wenn auch die Welt an der
Kirche unrecht handelt, indem sie ihr das entzieht, was ihr
als Kirche Gottes gebührt, so kann Gott aus Barmherzigkeit diese Ungerechtigkeit zulassen, um sich der Welt zu
erbarmen; er läßt die Kirche kreuzigen, um die Welt zu
erlösen, wie er auch seinen Sohn kreuzigen ließ aus Liebe
zur Welt. Erst am großen Gerichtstage wird er der Kirche
als dem Leibe Christi das geben, was ihr ihres göttlichen
Hauptes wegen wahrhaft an Recht und Ehre gebührt. Hier
auf Erden läßt er sie leiden unter der Ungerechtigkeit und
der Verfolgung der Menschen, wie Christus selbst unter
beiden gelitten hat, und läßt in seiner liebevollen Vorsehung
aus diesen Leiden Heil für die Menschen entspringen. Seine
göttliche Vorsehung leitet das Böse zum Guten und wendet
das, was eine Niederlage der Kirche zu sein scheint, immer
wieder zu ihrem Siege.

Mit dieser Ueberzeugung sehen wir daher auch unter
allen diesen Neugestaltungen der Welt voll ruhigen Ver-
trauens der Zukunft der Kirche entgegen. Die Augen aller
Katholiken sind in diesem Augenblick nach Rom gewendet
und voll Spannung sehen wir auf die Ereignisse hin,
die dort drohen. Schon seit fünfzehn Jahren haben wir
dort das vorbereiten gesehen, was sich jetzt erfüllen soll,
und eine Politik so heuchlerisch, so voll Lug und Nieder-

trächtigkeit, wie sie die Welt nie gesehen, hat dort vor den
Augen Aller, immer unter dem Scheine der größten Ehr=
furcht und Liebe gegen den heiligen Vater, das Netz gelegt
und stets enger und enger angezogen, wodurch dieses Ver=
brechen begangen werden soll. Die Nachfolger des heiligen
Petrus haben schon viele Feinde gehabt, seitdem Christus
ihnen in Petrus den Auftrag gegeben hat, seine Heerde zu
weiden; diese Feinde sind oft mit Waffengewalt nach der
Hauptstadt der Welt gedrungen, um den obersten Hirten
der Christenheit ihrem Willen zu unterwerfen; aber ein
solches System der Anfeindung, wie wir es vor Augen
sehen, hat die Kirche noch nicht erlebt. Fast groß er=
scheinen uns jene deutschen Kaiser, die im offenen Kampfe
mit Waffengewalt nach Rom zogen, gegen diesen franzö=
sischen Kaiser, der den Stuhl Petri mehr kränkte, wie es
je ein christlicher Fürst noch gethan hat, indem er ihn durch
die Schleichwege der arglistigsten Politik umgarnt und ihn
seinen ärgsten Feinden überliefert, während er zugleich
äußerlich vor der ganzen Welt den Schein eines treuen
Sohnes zu wahren sucht. Wir können diesen Verrath an
der katholischen Kirche und an ihrem Oberhaupte nur mit
dem Verrathe und dem Kusse des Judas vergleichen; so hat
Judas an Christus gehandelt, wie diese napoleonische Po=
litik am Leibe Christi und dessen sichtbarem Haupte. Selbst
wenn aber Gott es gestatten sollte, daß der Vater der
Christenheit von dem Stuhle des heiligen Petrus in Rom

vertrieben würde; selbst wenn es geschehen sollte, was von
vielen frommen Männern bei Deutung einiger Stellen der hei=
ligen Schrift angenommen wird, daß nämlich das Heidenthum
in Rom noch einmal einen kurzen Triumph feiern, auf dem Ca=
pitol seine Herrschaft begründen und sich für seine Niederlage
am Kreuze rächen werde: so würde das zwar unser Herz mit
namenlosem Schmerz erfüllen, es würde aber nicht zum Siege
der Feinde Christi, sondern um so gewisser zum Siege der
Kirche Christi führen. Die Welt wird dann sehen, daß es
nicht der Glanz des Vaticans ist, welcher die Herzen der
Katholiken in allen Theilen der Welt mit ihrem Oberhaupte
verbindet, sondern daß es andere Bande sind, die uns mit
ihm so innig vereinen; sie wird sehen, daß dieses über=
natürliche geistige Band um so inniger, um so fester ist, je
mehr die äußeren Beweggründe der Verehrung zurücktreten;
ja sie wird zu ihrem Erstaunen erkennen, daß der heilige
Vater in der ganzen katholischen Welt nur um so mehr
Achtung, Liebe und Gehorsam finden wird, je mehr er in
dem Leiden und der Erniedrigung dem guten Hirten ähnlich
wird, dessen Stelle er vertritt. Wir zweifeln durchaus
nicht, daß, wenn in der That der heilige Vater Rom auf
einige Jahre verlassen muß, die Liebe und Ehrfurcht aller
katholischen Herzen zu ihm einen Aufschwung nehmen wird,
von dem die Welt keinen Begriff hat. Dann wird man um
so mehr erkennen, daß die Kirche nicht auf den sogenannten
Donner des Vaticans, sondern auf den Felsen gegründet

ift, von dem Chriftus gefprochen hat, und daß nicht irdifche Gründe, fondern der Glaube und die Liebe zu Jefus die Kirche mit ihrem fichtbaren Oberhaupte verbindet. Vielleicht wird dann manches Vorurtheil verfchwinden, in manchen Herzen eine Ahnung von dem göttlichen Wefen der Kirche erwachen; vielleicht foll die Erniedrigung der Kirche die Augen öffnen und fehend machen, welche die Erhöhung derfelben nicht zu öffnen vermochte.

Wenn wir aber der Zukunft mit vollem Vertrauen entgegengehen, fo dürfen wir doch nicht verkennen, daß in diefer neuen Lage der Dinge große Kämpfe und große Gefahren für die Kirche liegen können, und daß es daher, wenn Gott feiner Kirche den äußeren Schutz und die irdifche menfchliche Hilfe entzieht, um fo mehr unfere Aufgabe und Pflicht ift, die göttliche Kraft in der Kirche und die übernatürlichen Hilfsmittel zu gebrauchen, um uns dadurch des göttlichen Schutzes würdig und theilhaftig zu machen. Was wir an Staatsfchutz und Staatshilfe, was wir an irdifchen Mitteln verlieren, das wird uns Gottes Schutz und Gottes Hilfe, das werden uns die übernatürlichen Hilfsmittel der Kirche reichlich und überfließend erfetzen, wenn wir nur auf Gottes Schutz vertrauen, wenn wir nur die übernatürlichen Mittel, die Gott in feiner Kirche niedergelegt hat, gut zu benützen verftehen. Wenn uns das weltliche Schwert eines geweihten römifchen Kaifers nicht mehr fchützet, fo wird uns das Schwert Deffen fchützen, der den Königen und Kaifern das Schwert in die Hand gegeben und vor dem ihre Macht Staub und Asche ist, sofern wir uns nur mehr und mehr dieses Schutzes würdig machen. Diese wunderbaren Zulassungen Gottes scheinen uns ein Ruf vom Himmel zu sein, vor Allem an uns, die Diener der Kirche, daß wir unser ganzes volles Vertrauen nicht mehr auf Menschen, sondern auf Gott und auf die göttlichen Kräfte der Kirche setzen sollen. „Unsere Hilfe sei im Namen des Herrn!" das muß von jetzt an das Feldgeschrei der Kirche sein, nachdem die Welt und die weltlichen Mächte ihr jede Hilfe entzogen haben.

Es kann nun nicht in unserer Aufgabe liegen, ins Einzelne einzugehen und die Wege zu verfolgen, welche die Kirche unter den veränderten Verhältnissen einschlagen wird, um einestheils gegen alle Gefahren, die ihr drohen, gerüstet zu sein, und anderntheils die größere Freiheit, die sie erlangt hat, zu benutzen. Der heilige Geist, der die Kirche lenkt und leitet, wird ihr diese Wege zeigen und namentlich die Hirten, die er bestellt hat, die Kirche Gottes zu regieren, erleuchten, um diese Wege zu finden. Es mag aber angemessen sein, hier wenigstens einige Andeutungen darüber zu geben, wie die eingetretenen Verhältnisse schon jetzt der Kirche mancherlei Gelegenheit bieten, die Mittel zur Stärkung des göttlichen Lebens in ihr zu gebrauchen, und zugleich auf einige Gefahren hinzuweisen.

Die Einheit in der Kirche ist nicht nur, wie wir vorher sahen, das ihr von Christus aufgedrückte Kennzeichen, sondern auch zugleich das Hauptmittel, ihr göttliches Leben zu entfalten. Nichts stärkt so die Wirksamkeit der göttlichen Kraft in ihr als die Pflege der Einheit. Je mehr die Kirche ein Herz und eine Seele ist, desto unüberwindlicher ist sie in der Welt, und je mehr der einzelne Christ diesen Geist der Einheit in sich selbst nährt, desto mehr wirkt auch in ihm die Kraft Gottes. Nichts schwächt umgekehrt so sehr das Leben des einzelnen Christen, wie auch ganzer Theile der Kirche, als die Schwächung der Einheit. Ein Organ dieses Geistes der Einheit sind die großen Zusammenkünfte in der Kirche, namentlich ihre Concilien, von den allgemeinen Concilien bis zu den Diöcesansynoden. Ein Zeichen des neu erwachenden Geistes und der mächtigen Entfaltung des christlichen Lebens ist es daher immer gewesen, wenn diese Zusammenkünfte sich mehrten. Das scheint nun in der Gegenwart allgemein der Fall zu sein und viele Hindernisse dieser Zusammenkünfte, wie sie in den letzten Jahrhunderten bestanden, sind beseitigt. Wir haben schon in den letzten Jahren diese außerordentlichen Zusammenkünfte aller Bischöfe der Welt in Rom gesehen; vielleicht sind sie die Vorläufer zu großartigen Concilien, wie die Kirche sie kaum noch gesehen hat; vielleicht wird der vertriebene heilige Vater in der Lage sein, ein Concil um sich zu versammeln, wie noch keiner seiner Vorgänger. Auch die Provinzial- und Diöcesan-Synoden haben wieder in großem Umfange stattgefunden und werden sich mehr und mehr verbreiten. Vor wenigen Tagen haben wir die Nachricht erhalten von jener merkwürdigen Versammlung der Bischöfe in Baltimore, ein denkwürdiges Zeichen der Einheit und der Kraft dieses jüngsten Theiles der Kirche. Auch in Deutschland sind alle Hindernisse der Versammlung der Bischöfe verschwunden. Zur Zeit des heil. Bonifazius bildete fast ganz Deutschland eine Kirchenprovinz und diese Einheit in der Kirche Deutschlands wirkte so mächtig, daß sie zugleich die Grundlage des nationalen Bandes der deutschen Völker wurde. Das vollkommene Gegentheil sahen wir in den Zuständen Deutschlands in der letzten Zeit. Dadurch daß die alten Diöcesen zerrissen und nach den Landesgrenzen neu eingetheilt wurden, während zugleich diese Länder selbst die Souveränität erlangten, waren die so vereinzelten Diöcesen im Kampfe mit den feindseligsten Verhältnissen im eigenen Lande vielfach ganz sich selbst überlassen. Seit den letzten Jahrhunderten hatten fast alle Concilien aufgehört, die früher in Deutschland so überaus häufig waren, und nun war noch überdies jedes kleine Bisthum durch die Landesgrenze vom übrigen Deutschland losgetrennt, und konnte dort verfolgt und gedrückt werden, fast ohne daß die andern Theile in Deutschland davon Kenntniß erhielten. Wir wiederholen es, dieser Zustand in Deutschland war das gerade Gegentheil von dem Zustand zur Zeit des heil. Bonifazius und er hat die katholische Kirche unendlich beschädigt. Diese Zeit des

12*

Landeskirchenthums war eine unglückselige Zeit. Gott hat sie beseitigt. Es steht nichts mehr entgegen, daß die Bischöfe Deutschlands sich versammeln und gemeinschaftlich ihre Angelegenheiten berathen, ganz wie sie wollen. Seit Jahrhunderten waren diese Versammlungen nicht mehr so vollständig unbehindert von äußeren Verhältnissen. Eine große Versammlung außer den vielen Provinzialconcilien haben wir schon im Jahre 1848 zu Würzburg erlebt und der Eindruck, welchen sie in dem ganzen katholischen Deutschland hervorrief, war überaus segensreich. Nichts steht jetzt mehr entgegen, daß die katholischen Bischöfe von ganz Deutschland sich versammeln, wie die Bischöfe von ganz Nord-Amerika in Baltimore zusammengetreten sind; nichts steht entgegen, daß sich diese Versammlungen nach dem Bedürfniß wiederholen, um alle gemeinschaftlichen Angelegenheiten in Einem Geiste zu behandeln. Unabsehbar ist es aber, wie dadurch der Geist der Einheit in dem ganzen katholischen Volke Deutschlands erstarken würde. Solche Versammlungen werden mächtiger wirken, als aller Staatsschutz es gethan hat. —

Ein zweites Mittel, die göttliche Kraft in der Kirche zu bethätigen, ist die freie Besetzung aller kirchlichen Stellen von der höchsten bis zur niedrigsten. Unter freier Besetzung verstehen wir eine Besetzung aller Kirchenstellen nach dem Geiste der Kirche, ohne irgend welche äußere Behinderung. Nichts ist reiner und erhabener als die Grundsätze der Kirche

über die Besetzung der Kirchenstellen; sie will überall eine
Besetzung ohne irgend welche Rücksicht auf selbstsüchtige In=
teressen und Menschenvortheil, lediglich nach der Rücksicht
des wahren Besten und des Seelenheils des christlichen Volkes.
Zu jeder Stelle soll der Würdigste gewählt werden; jener, der
am meisten den Geist Christi hat, der vor Allen geeignet ist,
im Geiste Christi ein guter Hirt des Volkes zu werden. Das
ist der Wille Gottes bei Besetzung der Kirchenstellen und das
ist der Geist der Kirche. Was würde dem Christenthum wider=
stehen können, wenn in der That nach diesem einzigen Maß=
stabe alle Stellen in der Kirche besetzt würden? An der
Spitze aller Kirchenstellen einer Diöcese steht der Bischof.
Nach der Lehre der Kirche ist der bischöfliche Stand der
eigentliche und wahre Stand der Vollkommenheit. Auch die
Ordensleute streben nach der Vollkommenheit und bilden
einen Stand derselben. Nach der Lehre der Kirche steht
aber der bischöfliche Stand auch in dieser Hinsicht höher als
der Ordensstand, weil er der von Christus unmittelbar in
der kirchlichen Hierarchie gegründete Stand der Vollkommen=
heit ist. Vollkommenheit aber ist die höchstmögliche Aehn=
lichkeit mit Christus. Ihm zur Seite steht der Klerus der
Kathedralkirche und dann der Seelsorger in den einzelnen
Gemeinden, die seine Stelle vertreten. In dieser ganzen
heiligen Ordnung von oben bis unten, soll stets der Wür=
digste, der Tugendhafteste, der Beste zu jeder erledigten
Stelle berufen werden. Es ist nicht abzusehen, welchen

Aufschwung das ganze christliche Leben nehmen würde, wenn
dieser Wille der Kirche sich immer erfüllte. Die ganze Kirchen=
geschichte zeigt uns, wie viel in der Kirche von den Werk=
zeugen Gottes in den einzelnen Stellen abhängt; wie ein=
zelne große Männer lediglich dadurch, daß sie geeignete
Werkzeuge der Kraft Gottes waren, auf ihre Zeit, ja auf
Jahrhunderte eingewirkt haben. Nichts beschädigt daher so
sehr das ganze Leben der Kirche, als jeder Mißbrauch in
der Besetzung ihrer Aemter; nichts belebt so ihre Kraft, als
eine gute Besetzung derselben. Man sage uns nicht, daß dieses
Ideal bei Besetzung der Kirchenstellen nie vollkommen er=
reicht werden könne; denn das entbindet uns nicht von der
Pflicht, darnach redlich zu streben. Es ist die göttliche
Norm, die Gott uns gegeben hat und nach welcher er einst
richten wird. Keine blutige Verfolgung hat das göttliche
Leben der Kirche auf Erden so beschädigt, als jene Hinder=
nisse, die sie durch die Bosheit der Menschen oder durch
ihre Schwachheit oder durch Usurpation angeblicher Rechte
oder durch ein schlechtes Herkommen ohne Unterlaß in der
Besetzung ihrer Aemter gefunden hat. Jener Geist, der
gegen den Geist der Kirche und Christi kämpft, hat kein
wirksameres Gebiet seines verderblichen Kampfes, als dieses.
In dem alten Europa hatten sich unzählige Rechtsverhält=
nisse ausgebildet, welche der Kirche die Besetzung der Aem=
ter nach ihrem Geiste zwar nicht geradezu unmöglich mach=
ten, aber unendlich erschwerten; sowohl die Rechte der

Fürsten bei Besetzung der bischöflichen Stühle, als die der Inhaber von Patronaten bei Besetzung der Pfarrstellen hatten, unterstützt von einer kirchenfeindlichen Rechtswissenschaft, eine Auslegung gefunden zum allerhöchsten Verderben der Sache Gottes auf Erden. Viele Zustände der Kirche in manchen Ländern, in manchen Diöcesen und Pfarreien lassen sich lediglich und allein hieraus erklären. Noch jetzt sucht man in einigen Gegenden nach Mitteln, verderblichen Zuständen entgegenzuwirken, aber es wird nicht eher gelingen, bis man die wirksamsten Aemter auf Erden nämlich jene, mit denen die Seelsorge verknüpft ist, überall Händen anvertraut, durch welche die göttliche Kraft des kirchlichen Amtes unbehindert wirken kann. Es gibt daher kein wichtigeres Interesse, als die Beseitigung aller jener Hindernisse, welche es der Kirche unmöglich machen oder sehr erschweren, alle ihre Aemter, vom bischöflichen bis zum Pfarramt, nach dem Willen Christi zu besetzen. In dieser Hinsicht haben wir gleichfalls große Fortschritte gemacht und die eingetretenen Verhältnisse haben schon viele Hindernisse beseitigt. Es bleibt aber noch viel zu thun übrig und es müssen große Gefahren, die wieder neu erstehen wollen, vermieden werden. Eine derselben ist bei Besetzung mehrerer bischöflichen Stühle und namentlich auch in Preußen zu Tage getreten. Die Art, wie die preußische Regierung ihren Einfluß bei Besetzung der Bisthümer geltend machte, die Auslegung, welche die Rechte der Regierung bei dieser Gelegenheit in officiösen Zeitungen und Blättern gefunden haben, die Unterstützung, welche ihr bei diesen maßlosen Anforderungen selbst unter einzelnen servilen Mitgliedern des Klerus zu Theil wurde, zeigen, welche Gefahren der Kirche in Preußen in dieser Hinsicht drohen. Wir können gar nicht genug hierauf aufmerksam sein; denn wenn es der Regierung gelingen sollte, die Grundsätze über Besetzung der Bisthümer zur Ausführung zu bringen, die bei den letzten Bischofswahlen ausgesprochen wurden, so wäre das für die katholische Kirche im Norden Deutschlands eine tödtliche Wunde. Jede neue Anerkennung, jede Ehre, jede Berücksichtigung, welche die Kirche in Preußen finden würde, hätte von dem Augenblick an für das göttliche Leben in ihr keinen Nutzen, sondern wäre nur zu ihrem Verderben, wenn die Regierung gleichzeitig einen so entscheidenden Einfluß auf die Besetzung der bischöflichen Stellen zu gewinnen vermöchte, um dann servilen Creaturen der Regierung den Hirtenstab in die Hand zu geben. Was wir hier aber von Preußen gesagt haben, gilt mehr oder weniger auch von den andern deutschen Ländern, und gilt auch in ganz ähnlicher Weise von den so überaus wichtigen Pfarrstellen. Die Zeitverhältnisse erleichtern es also vielfach, zahllose Mißbräuche bei Besetzung der kirchlichen Stellen zu entfernen und die Freiheit zu gewinnen, sie nach dem Geiste der Kirche und dem wahren Wohl des christlichen Volkes zu besetzen, und insofern erkennen wir in ihnen wahrhaft wiederum den Finger Gottes. Es hängt von uns ab, sie in diesem Sinne zu benutzen und alle noch bestehenden Mißbräuche im Ganzen und im Einzelnen zu beseitigen. Das muß die Aufgabe der Bischöfe sein, dazu muß uns das ganze christliche Volk zur Seite stehen. Namentlich bedarf es deßhalb auch in vielen Gegenden einer ganz neuen Regelung sowohl des vom Staate geübten Patronatsrechtes, das nicht selten schon so schmählich mißbraucht wurde, um servile Staatsdiener zu belohnen und würdige Priester dem christlichen Volke vorzuenthalten, als auch des Privat=Patronatsrechtes, das in manchen Gegenden eine Ausdehnung hat und in einer Weise geübt wird, daß dadurch das bischöfliche Amt und die Kraft der Kirche vollständig erlahmt. Wenn es der Kirche gelingt, die wahre Freiheit bei Besetzung ihrer Stel= len zu erringen, so wird sie in der Kraft, die in der Seelsorge liegt, eine Hilfe finden, die mehr werth ist, als alle Kirchengüter, die ihr geraubt, und als alle Ehren und Rechte, die ihr entzogen wurden. Es gibt Gemein= den, die seit vielen Jahren dieses äußeren Einflusses we= gen keine wirksame Seelsorge mehr gekannt haben und deren Pfarrkinder dazu verurtheilt sind, von einer Genera= tion zur andern aller Segnungen zu entbehren, die in einer guten Seelsorge liegen. Ein historisches und ungebührlich ausgedehntes Recht wird da benützt, um das höchste Recht Christi und des christlichen Volkes zu beschädigen. Das ist unerträglich, das ist eine Beschädigung an den heiligsten Gütern.

Ein drittes Mittel, die ganze göttliche Kraft in der Kirche, welche die Welt überwindet, zu bethätigen, ist die freie Existenz der religiösen Genossenschaften. Sie sind die Anstalten zur höchsten Heiligung vieler Seelen und jede geheiligte Seele stärkt das ganze Leben der Kirche, die ja nur Einen Leib bildet; sie sind die Anstalten des Gebetes, der siegreichen Waffe der Kirche, — während Priester und Volk die Kämpfe Christi streiten, beten diese Genossen=schaften für sie um den Sieg; sie sind die Stätten heiliger Wissenschaft; sie sind unentbehrliche Gehilfen in der Seel=sorge; sie fördern die Heiligkeit im Priesterstande und im Volke durch ihre geistlichen Uebungen und durch die Missionen; sie unterstützen die Kirche in ihrer großen Auf=gabe, alle Werke der Nächstenliebe zu üben; sie pflegen die Kranken in den Spitälern und in den Häusern der Armen; sie ersetzen die Elternstelle bei den armen Kindern, die ihre Eltern verloren haben u. s. w. Wie wichtig die geistlichen Genossenschaften für das kräftige Leben der Kirche sind, sehen wir auch an dem Kampfe des Weltgeistes gegen sie In den früheren Verhältnissen fand aber die Verbreitung der geistlichen Genossenschaften große Schwierigkeiten und die Freiheit der Kirche in Gründung derselben war vielfach gehemmt oder ganz aufgehoben. Der Vermögensschutz, welchen der Staat den geistlichen Genossenschaften zu Theil werden ließ, wurde ein Vorwand der Bedrückung und Hemmung. Auch in dieser Hinsicht sind wir jetzt in der Lage, die Freiheit der Kirche

zu erkämpfen. Wir müssen zwar auf eine Anerkennung der
Orden seitens des Staates, namentlich auf einen Schutz
ihres Ordensvermögens verzichten; dafür aber kann der
Staat uns das Recht nicht länger vorenthalten, nach unserem Belieben unser Leben einzurichten und jede Ordensregel
zu befolgen, die dem allgemeinen Staatsgesetz nicht wider-
spricht. Der Versuch, der jetzt in Deutschland und in der
Schweiz gemacht wird, trotz Anerkennung der allgemeinen
Grundsätze der Freiheit, dennoch den Katholiken die Freiheit
zu beschränken, nach ihrem Belieben und nach ihrem Gewissen eine Ordensregel zu befolgen, ist eine Inconsequenz,
ein Herübertragen alter Vorstellungen in neue, mit ihnen
gänzlich unvereinbare Verhältnisse, der deßhalb auch schei-
tern muß, wenn wir Katholiken mit der gehörigen Einstim-
migkeit und Entschiedenheit dagegen auftreten. Eine Beschränkung dieser Freiheit hatte nur so lange einen Vorwand, so lange der Staat den religiösen Genossenschaften
Rechte und Privilegien zugestand; seitdem diese aber wegge-
fallen sind, seitdem die religiösen Genossenschaften selbst in
den betreffenden Ländern dieselben nicht mehr fordern, seitdem folglich die Ordensregel für jedes einzelne Mitglied
lediglich Sache seines Gewissens, seiner inneren Willensbe-
stimmung ist, hat Niemand mehr das Recht, die Befolgung
derselben zu hindern, oder zu inquiriren, welche Vorsätze wir
in unserm Innern gemacht haben, welche Lebensweise wir
in unsern Häusern befolgen. Wir können daher unabweis-

bar die unbedingte Freiheit aller religiösen Genossenschaften fordern. Auch hier müssen Bischöfe und Volk vereint zusammenstehen, um diese Freiheit gegen alte Vorurtheile zu erkämpfen und wenn sie errungen ist, so wird auch dadurch das ganze kirchliche Leben und die Kraft der Kirche Gottes einen mächtigen Zuwachs erlangen.

Ein viertes Mittel, die göttliche Kraft in der Kirche zu bethätigen, ist die Heiligung ihrer Priester. Das steht mit dem Gesagten in inniger Verbindung. Um die Aemter der Kirche im Geiste Christi zu besetzen, muß die Kirche auch Priester haben, die vom Geiste Christi erfüllt sind. Die Macht der Priester wird oft überschätzt und oft unterschätzt. Außer der Kirche macht man sich von dem katholischen Priesterthum eine ganz verkehrte Vorstellung und dieses Vorurtheil wird dann ein Haupthinderniß, das Wesen der Kirche zu erkennen. Man stellt sich das Priesterthum vor, als ob es gewissermaßen zwischen Christus und dem Volke stehe, so daß der unmittelbare Verkehr zwischen dem Christen und seinem Heiland dadurch gehindert sei. Das ist eben so wenig der Fall, als die Hand des Vaters, die dem Kinde das Brod zur Nahrung reicht, das unmittelbare Verhältniß zwischen dem nährenden Brode und dem Leibe des Kindes hindert; oder als der Lehrer, der den Schüler die Wahrheit lehrt, dadurch die unmittelbare Beziehung zwischen der Wahrheit und der Seele des Schülers aufhebt. Dadurch daß der katholische Priester dem von Gott verordneten Stande angehört, der berufen ist, dem Volke das Brod des Lebens in den Sakramenten darzureichen und die göttliche Wahrheit zu lehren, hindert er wahrhaftig nicht den unmittelbaren Verkehr zwischen der Seele des Christen und Christus selbst. Wie er das heiligste Sakrament von dem Altare zu den Christen trägt und ihnen zum Genusse darreicht und dadurch nicht die Verbindung zwischen Christus und der Seele hindert, so ist es mit seinem ganzen Wirken. Als Christus das Brod vermehrte, gab er es den Jün=gern, um es dem Volke auszutheilen. Das ist das Priesterthum: ein Austheilen, ein Ausspenden, wie der Apostel sagt, der Geheimnisse Gottes, nicht eine Trennung des Volkes von Christus. Man stellt sich ferner das Prie=sterthum vor, als ob es in seiner Lehrautorität und in seiner Hirtengewalt unbeschränkt sei, während das gerade Gegentheil der Fall ist. Der protestantische Prediger ist weit unbeschränkter in seiner Lehrgewalt und in seiner Macht= vollkommenheit als der katholische Priester; denn jener hängt in Bestimmung des Umfanges beider lediglich von seiner sub= jektiven Interpretation des Wortes Gottes ab, während der katholische Priester nichts lehren darf, als die Glaubens= lehre seiner Kirche, und dem Volke nichts befehlen darf, als die zehn Gebote Gottes und die fünf Gebote seiner Kirche. Jedes katholische Kind kann in seinem Katechismus die Competenz der Lehr= und Hirtengewalt seines Priesters controliren und diese Controle wird auch in der That auf das Allergenaueste geübt. Wo ein katholischer Priester es wagen sollte, dieses Maß seiner rechtmäßigen Competenz im Mindesten zu überschreiten, da würde es sofort von dem katholischen Volke bemerkt werden.

Auf der andern Seite aber unterschätzt man das katholische Priesterthum. Der geheiligte Priester hat eine viel größere Macht, als man glaubt; eine wahrhaft weltüberwindende, unwiderstehliche Macht. Seine Macht ist nicht groß dem Umfange seiner Befugnisse nach, wie die Glaubenslehren und die göttlichen Gebote auch nicht groß sind der Zahl nach; seine Macht ist aber unberechenbar groß der Wirksamkeit nach. Der geheiligte Priester hat einen Antheil an der Macht, in welcher Christus die Welt überwunden hat, er hat einen Antheil an der Macht Christi selbst. Jene Fischer vom See Genesareth, welche die Welt durchzogen und allen Creaturen die Lehre Jesu verkündeten; jene Glaubenszeugen, die in allen Welttheilen siegreich die Fahne des Kreuzes aufgepflanzt haben; jene großen Kirchenväter und Lehrer der Menschheit waren geheiligte Priester. Das Priesterthum in einem heiligen Manne und das Priesterthum in einem vielleicht vor der Welt ganz tadellosen, aber ganz gewöhnlichen Menschen ist im Wesen zwar dasselbe, aber in seiner Wirksamkeit für die Kirche und die Menschheit, in seiner Wirksamkeit für Verbreitung des Reiches Christi unermeßlich verschieden. Ein geheiligter Priester hat oft den göttlichen Samen des Christenthums über große

Theile der Welt ausgesäet, so daß überall in weiter Ferne göttliches Leben zu keimen und zu wachsen anfing und wie eine himmlische Saat in Ländern aufblühte, die bis dahin dem tiefsten Verderben anheimgegeben schienen, während das Leben eines unheiligen Priesters selbst in dem kleinen Raume seiner Amtsthätigkeit spurlos vorübergeht. Daher kömmt es auch, daß zu jeder Zeit unter den schwierigsten Verhältnissen heilige Priester voll Siegesmuth waren, voll Vertrauen, ja voll Gewißheit über den Sieg des Kreuzes; während Niemand muthloser und rathloser ist, selbst unter den kleinsten alltäglichen Schwierigkeiten im Kampf gegen die Welt, als der unheilige Priester, der von dem Geiste der Welt erfüllt ist, statt von dem Geiste Jesu Christi.

Wenn aber zu jeder Zeit die siegende Kraft der Kirche wesentlich von der Heiligkeit der Priester abhängt oder, was dasselbe ist, von der Aehnlichkeit mit Christus selbst, der ein sich ähnliches Werkzeug fordert, um durch dasselbe selbst zu wirken, so ist das insbesondere der Fall in unserer Zeit, dem Geiste gegenüber, den wir zu bekämpfen haben. Nicht durch äußeren Glanz, nicht durch eine mächtige äußere Stellung, sondern nur durch die Heiligkeit des Priesterthums kann der antichristliche Geist überwunden werden, der jetzt in der Welt herrscht. Die Kirche hat sich in manchen Gegenden Norddeutschlands eine ehrenvolle Anerkennung erworben; wo das geschehen ist, da lag der Grund in dem Wirken geheiligter Priester. Weil es in den norddeutschen

Diöcesen viele sehr würdige Priester gegeben hat, hat die Kirche sich Anerkennung erworben; das wird auch für die Zukunft das einzige Mittel sein. Unsere Aufgabe ist die Wiederaussöhnung der Protestanten mit der Kirche; dieser große Zweck wird aber nicht durch äußere Mittel erreicht, sondern durch die Heiligkeit des katholischen Priesterthums. Die dogmatischen Differenzen müssen vor Allem durch die Heiligkeit entschieden werden.

Man hat in letzter Zeit oft von der Errichtung eines Bisthums in Berlin gesprochen. Wir würden uns unendlich mehr freuen, wenn in Berlin ein Haus geheiligter Priester gegründet würde, als ein Bisthum. Thiers hat im vorigen Jahre im Parlament gesagt, er habe im Laufe seines Lebens schon viele ausgezeichnete Erzbischöfe von Paris kennen gelernt; sie alle seien sehr verdienstvolle Männer gewesen, alle hätten aber einen sehr fühlbaren Fehler gehabt, daß nämlich Notre=Dame zu nahe bei den Tuilerien liege — St. Hedwig liegt noch viel näher beim königlichen Schlosse in Berlin. Ein Hofbischof in Berlin, der mehr Werth auf äußere Etiquette als auf Heiligkeit legte, könnte vielleicht der Kirche mehr schaden, als alle Feinde der Kirche in Preußen zusammengenommen. Wir würden ein Bisthum in Berlin für ein Unglück halten.

Eine andere große Gefahr finden wir in der Militär=seelsorge, die wir grundsätzlich für schädlich halten, sobald sie von der ordentlichen bischöflichen Jurisdiction eximirt

ift. Die Folgen davon können sich in Preußen noch nicht
zeigen. Jene vortreffliche Militärgeistlichen der preußischen
Armee, welche der Kirche durch ihr Wirken mancherlei An=
erkennung erwarben, haben in dem ordentlichen Diöcesan=
verbande ihren Geist geschöpft und besteht daher die ab=
gesonderte Militärseelsorge zwar thatsächlich, aber noch nicht
in den Wirkungen als Institution mit einem eigenen Geiste.
Erst in der Zukunft, wenn diese Institution älter ist, kann
sie ihre Früchte zeigen. Gott bewahre Preußen vor den
Folgen, die sie in anderen Ländern gehabt hat. Wir halten
die Stellung, welche diese Militärpriester haben, für äußerst
gefährlich für die Heiligung des Priesterstandes und wir
sind doch zugleich überzeugt, daß kein Stand mehr Heiligung
bedarf, um wahrhaft zu wirken, als der Militärpriester.
Wenn der Militärgeistliche der preußischen Armee mehr Einfluß
übt, als der Militärseelsorger in der österreichischen Armee,
so hängt das, wie wir glauben, mit den besprochenen Ver=
hältnissen zusammen.

Die Kirche bedarf daher in allen Verhältnissen beson=
ders in der Gegenwart eines geheiligten Priesterstandes und
wir glauben, daß auch in dieser Hinsicht die Zeitereignisse nicht
ungünstig gewirkt haben. Die Gefahr der Wahl dieses Standes
ohne göttlichen Beruf ist wesentlich vermindert worden; die
Anstalten zur Bildung und Erziehung geheiligter Priester ha=
ben sich überall vermehrt und es geht ein so ernster Geist durch
den ganzen Priesterstand, daß wir darin die Absichten Gottes

nicht verkennen können. Ein großes und mächtiges Mittel, um
den Geist der Heiligkeit im Priesterthum zu befördern, ist
auch das gemeinschaftliche Leben der Priester. Seitdem
Christus, unser hoher Priester, selbst mit seinen Aposteln
zusammenlebte, hat dasselbe für die Heiligung des Priester=
standes eine wunderbare Bedeutung erlangt. Die Zeiten,
in denen der Geist Christi sich am kräftigsten im Priester=
stande regte, waren jene, wo die Priester sich zu einem
gemeinschaftlichen Leben mächtig hingezogen fühlten. Möchte
die Zeit wiederkehren, wo, von den Bischöfen mit ihren Dom=
capiteln angefangen, wieder viele Priester zu diesem gemein=
schaftlichen Leben sich vereinigten; das würde mehr als
vieles Andere dazu beitragen, den Geist der Heiligkeit im
Priesterthum zu mehren und dadurch die göttliche Kraft des
Priesterthums ihrem Wirken zu verleihen.

Ein fünftes großes Mittel, das göttliche Leben in der
Kirche zu entfalten, ist die Wissenschaft und in Verbindung
mit ihr die Schule, von der höchsten bis zur niedrigsten.
Was die Schule selbst betrifft, so steht freilich der Zeitgeist
auf diesem Gebiete noch den Anforderungen der Kirche in
der schroffsten Weise entgegen. Wir haben aber auch bereits
in unseren Bemerkungen über die Schule hervorgehoben,
daß wir hier seine Stellung für unhaltbar halten. Der
Standpunkt, welchen er in dieser Hinsicht einnimmt, steht
und fällt mit der Idee des absolutistischen Staates. Wenn
wir wahrhaft einer freien Entwickelung entgegengehen im

Geiste wahrer germanischer Freiheit, so kann die Forderung des katholischen Volkes, Schulen zu haben, durch alle Stufen, die seinen religiösen Bedürfnissen vollkommen entsprechen, nicht abgelehnt werden. Vorläufig leidet noch das Christenthum und die Kirche unter keinen Verhältnissen mehr, als unter den gegenwärtigen Schul= und Unterrichtsverhältnissen, und der größte Theil derer, die unter unseren Zeitgenossen dem christlichen Glauben entfremdet sind, sind es durch die Schulen geworden. Leider sind vielfach die deutschen Mittel= und Hochschulen Parteianstalten des Unglaubens, ja theilweise selbst des platten Materialismus geworden. Weil wir aber in Deutschland fast keine katholischen Schulen mehr haben, können wir auch fast keine katholische Wissenschaft mehr besitzen. Wir haben eine kleine Zahl katholischer Gelehrten, deren Wirken um so verdienstlicher ist, je vereinzelter sie sind, und die durch den Einfluß, den sie gewonnen haben, uns beweisen, welchen Werth für die Kirche in Deutschland es hätte, wenn sie von einer entsprechenden katholischen Wissenschaft unterstützt würde. Wir haben aber keine Träger der katholischen Wissenschaft, keine katholischen Lehrkörper und deßhalb sind die Bestrebungen zur Gründung einer katholischen Universität innerlich so berechtigt und für das Leben der Kirche so nothwendig, daß sie allgemeine Unterstützung verdienen und endlich zu einem Erfolg führen müssen.

Das sind einige Andeutungen darüber, wie die Kirche

13 *

unter den veränderten Verhältnissen ihre große Sendung
zu erfüllen sich bemühen wird und wie auch, obgleich in
den Zeitverhältnissen so Manches sich ungünstig für sie
gestaltet hat, dennoch auf der anderen Seite wieder Vieles
liegt, was zur Förderung ihres Lebens und ihrer Wirk=
samkeit dienen kann. Es ist schwer für uns, mit unseren
blöden Blicken von der Zukunft zu sprechen; wir dürfen es
auch gewiß immer nur mit großer Bescheidenheit thun;
wenn wir aber von dem Leben der Kirche Gottes sprechen,
so wissen wir wenigstens das Eine, daß sie auf einen Felsen
gegründet ist, der allen Anfechtungen der Welt widerstehen
wird und daß sie trotz aller Kämpfe der Welt gegen sie,
die Welt überwinden wird. Es ist daher gewiß nicht ver=
messen, wenn wir in diesem Vertrauen auch die Verhält=
nisse der Gegenwart uns erklären und unter allen Nieder=
lagen die Lichtstrahlen des Sieges erkennen.

XIV.

Die Monarchie.

———

Die Kirche hat für ihre ununterbrochene Fortdauer auf Erden eine göttliche Verheißung, deren Erfüllung in einer Geschichte von achtzehn Jahrhunderten schon theilweise vor uns liegt; die Monarchie hat keine solche göttliche Verheißung ihrer Fortdauer, noch weniger besitzt ein einzelnes Fürstengeschlecht dieselbe.

Ein Professor einer deutschen Universität[1]) hat uns den inneren Entwickelungsgang der neueren deutschen Geschichte in dem Gedanken zusammengefaßt, daß es die Aufgabe der deutschen Fürsten gewesen sei, durch ihren Abfall von der katholischen Kirche und durch ihr Bestreben nach absoluter Fürstengewalt, nach Sou=

———

[1]) G. G. Gervinus, Einleitung in die Geschichte des neunzehnten Jahrhunderts. Leipzig 1853.

veränität, die Macht des Papstes und des deutschen
Kaisers zu brechen; daß folglich der Fürsten-Absolutismus
der letzten Jahrhunderte als Mittel zu diesem Zwecke, als
Mittel, um Deutschland von diesem doppelten Uebel zu
befreien, nothwendig und deßhalb berechtigt gewesen sei;
daß aber nun die Demokratie, der dadurch nur der Weg
gebahnt sei, die Aufgabe habe, es den Fürsten zu machen,
wie sie selbst es dem Papste und dem Kaiser gemacht
hätten, um an ihrer Stelle das Regiment in die Hand zu
nehmen. Der Herr Professor versichert uns deßhalb, daß
die demokratische Verfassung das nothwendige Product des
ganzen inneren Entwickelungsganges der Völker der Gegenwart sei; sie sei die Verfassung der Zukunft, des Fort-
schrittes und der Vollendung. Die Herren Professoren,
welche die Diener der Fürsten zu Lehrern des deutschen
Volkes bestellt, haben dafür gesorgt, daß diese Ansicht nicht
isolirt geblieben ist. Sie ist jetzt der Grundgedanke eines
großen Theiles der s. g. gebildeten Welt. Wir kennen kein
anderes Buch, in welchem der innerste Gedanke dieser unserer
Zeitgenossen so ehrlich, so wahr und so erschöpfend ausgesprochen ist, wie hier. Wir können es daher als ein politisches Glaubensbekenntniß Vieler betrachten, und je
mehr man diese Wünsche aus Klugheitsrücksichten namentlich
den Fürsten, die mitwirken sollen, sie zu verwirklichen,
zu verbergen sucht, desto werthvoller sind uns diese Geständ-
nisse, desto wichtiger ist es, auf sie zurückzukommen, um das

wahre Verſtändniß vieler politiſcher Bewegungen unſerer
Zeit zu haben.

Wir können nicht verkennen, daß in dieſer Anſicht
eine Conſequenz liegt; die Conſequenz einer Lavine, die
ſich oben an der Spitze des Berges losgelöſt und nun
herabſtürzt, um auf dem ganzen Wege bis auf den Thal=
grund Alles zu zerſtören. Wir können nicht verkennen,
daß alle Fürſten, welche mitgewirkt haben, die Autorität in
Kirche und Reich zu erſchüttern, dadurch einen Strom
entfeſſelt haben, der in ſeinem natürlichen Laufe auch
ihren Thron erfaſſen und wegreißen wird. Wir können
endlich nicht verkennen, daß die letzten Zeitereigniſſe die
Erfüllung der Verheißungen unſeres Profeſſors um vieles
wahrſcheinlicher gemacht haben. Dieſelben Grundſätze, die
auch die Demokratie zur Erreichung ihrer Pläne bedarf,
daß nämlich alle Mittel erlaubt ſind, alles Unrecht Recht
wird und jede geſchichtliche poſitive Berechtigung weichen
muß, wenn es ſich um Verwirklichung eines politiſchen Sy=
ſtemes handelt, haben ja im letzten Kriege einen großen
Sieg davon getragen und die Demokratie wird nicht ver=
fehlen, zur rechten Zeit auch ihrerſeits von ihnen Gebrauch
zu machen.

Dennoch werden die Monarchien in der Art, wie jener
Profeſſor es vorhergeſagt, nicht verſchwinden, und noch we=
niger würden wir einer hohen politiſchen Proſperität der Völ=
ker bei einer andauernden und bleibenden demokratiſchen Ver=

faffung entgegengehen. Schon die weltgeschichtliche That=
sache steht dieser Annahme entgegen, daß alle demokratischen
Staaten einer schnellen Auflösung und noch schneller einer
inneren Corruption verfallen sind. Es gibt in der Geschichte
keine evidentere Thatsache, als daß unter den verschiedenen
möglichen Verfassungsformen die monarchische diejenige ist,
welche weitaus am häufigsten sich vorfindet, die längste Dauer
hat und verglichen, nicht mit einem willkärlichen Ideale,
sondern mit der Wirklichkeit, mit den Schatten= und Licht=
seiten aller anderen Verfassungsformen, immer die meiste
Garantie für das Glück der Völker bietet. Wenn wir
daher die Geschichte befragen und in ihren Ergebnissen
eine innere Berechtigung und Nothwendigkeit erkennen, so
müssen wir annehmen, daß die gemäßigte Monarchie die
relativ beste Verfassungsform sei. Dazu kömmt ferner, daß
die Monarchie in dem Leben der deutschen Völker die tief=
sten Wurzeln geschlagen hat; Wurzeln, die noch lebenskräftig
im Herzen des christlichen deutschen Volkes sind, wenn sie
auch in den Herzen und in den Köpfen jener Bevölkerungs=
classen abgestorben sind, die nach den modernen Grundsätzen
und zumal in höheren Staatsschulen erzogen wurden. Dazu
kömmt endlich, daß wir in der deutschen Geschichte das Vor=
bild der besten monarchischen Verfassungsform, der mit Au=
tonomie des Volkes verbundenen, beschränkten Monarchie im
Gegensatz zur absoluten vor Augen haben. Wenn es daher
selbst eintreten würde, was freilich nicht unmöglich ist, daß

in Folge von Revolutionen die deutschen Throne zusammen=
stürzten und eine demokratische Verfassung versucht würde,
so wäre das keine Grundlage zu bleibenden Zuständen und
nicht eine Zeit des Friedens und allgemeiner Prosperität,
sondern eine Zeit endloser innerer Kämpfe, aus denen end=
lich doch wieder die Monarchie hervorgehen würde.

Mögen daher auch die Ereignisse eintreten, wie sie
wollen, so werden die Fürsten und ihre Geschlechter fort=
fahren, auf die Geschicke unseres deutschen Vaterlandes einen
großen Einfluß zu üben. Von der Tüchtigkeit der Fürsten
wird daher zu einem beträchtlichen Theile das Wohl der
Staaten abhängen. Wenn wir den Grund der großen Ereig=
nisse der letzten vier Jahrhunderte suchen, so werden wir ihn
nicht ganz finden, ohne den Einfluß zu berücksichtigen, den die
Fürsten an denselben genommen haben. Wie die Kirchen=
spaltung ist auch die Zerstörung des deutschen Reiches vor=
wiegend ein Werk der Fürsten gewesen; die französische
Revolution würde nie die Uebermacht in der Welt erlangt
haben ohne den Antheil, den die Fürstenhöfe an der Verbrei=
tung der Grundsätze genommen haben, die ihr zu Grunde
lagen. Die Revolution befolgte wesentlich die nämlichen
Grundsätze, welche fast alle Fürsten in Europa adoptirt hat=
ten; sie wendete dieselben nur nicht im Interesse der Fürsten=
familien, sondern im eigenen Interesse an. Sie waren oft die
ersten Vertreter dieses Zeitgeistes, des fortgeschrittensten Zeit=
geistes, oder wenigstens die Werkzeuge desselben.

Es ist schwer, über jene Sterblichen, denen Gott diese
Stellung, die für die Menschenatur fast zu schwer ist, ein=
geräumt hat, zu sprechen, ohne in Gefahr zu kommen, ent=
weder zu schmeicheln oder jene Ehrfurcht zu verletzen, die
ihnen gebührt. Zur Zeit freilich, als noch alle Fürsten
Kinder der einen katholischen Kirche waren, wurde ihnen
im Namen Gottes die Wahrheit mit derselben Rücksichts=
losigkeit gesagt, wie dem Volke. Das hat jetzt aufgehört;
und obwohl kein Mensch auf Erden es mehr bedürfte, daß
er auf seine Pflicht und seine Verantwortung hingewiesen
würde, wie der Fürst, so entbehrt doch gerade keiner mehr
dieses mächtigen Hilfmittels, um die schwersten Verirrungen
zu vermeiden. Seitdem die Einheit des Glaubens ver=
schwunden ist, haben auch die Fürsten die Festigkeit ihrer
Grundsätze, die Klarheit über ihre Ziele vielfach verloren;
jede Schwankung in den Grundsätzen aber, in den Zielen,
in den Mitteln, in dem Urtheil über das, was dem Lande
heilsam oder nachtheilig ist, wird dann um so verberblicher für
das ganze Volk, je höher und einflußreicher ihre Stellung
ist. Wie schwer ist es, klar zu sein über die Welt,
über die täglich auftauchenden großen Fragen, über das,
was den Völkern zum Heile und zum Verderben ge=
reicht! wie schwer ist es, Menschen richtig zu kennen, die
edelsten und besten auszuwählen, die verschmitzten, lüg=
nerischen, selbstsüchtigen zu meiden! wie schwer ist es, mit=
ten unter allen Verlockungen der Welt sich vor ihnen zu

bewahren! wie schwer das Alles in einer Zeit, wo der bo=
denloseste Subjektivismus herrscht, wo alle Wege der Ge=
schichte verlassen sind, wo auch der Fürst in jedem Augen=
blicke über ganz neue Verhältnisse ein Urtheil fällen muß!
Und bennoch, wir wiederholen es, welches Gewicht haben
diese Entschlüsse, welchen Segen und welches Verderben kön=
nen sie bringen!

Zwei Wahrheiten scheinen uns hiernach klar zu sein:
daß erstens die Geschicke der Menschen und der Staaten
wesentlich von den Fürsten, die sie regieren, abhängen wer=
den; und daß zweitens Fürsten ohne Glauben und Got=
tesfurcht noch mehr, wie alle anderen Menschen, den rechten
Weg verlieren und zum Verderben der Völker werden müssen.
Der Glaube allein kann den Fürsten schützen gegen die
Gefahren seiner Stellung; der Glaube allein ist im Stande,
ihm die nothwendige Festigkeit der Grundsätze zu geben; der
Glaube allein wird ihm jene wahrhaft fürstliche Gesinnung
verleihen, für die Wahrheit und Gerechtigkeit, und nicht für
niedere selbstsüchtige Interessen zu kämpfen und, wenn
nöthig, im Kampfe zu sterben. Ohne den Glauben, ohne
Gottesfurcht werden die Fürsten das Unheil ihrer Völker,
der Spielball der Parteien. Glaubenslose Fürsten sind nach
dem Worte Gottes eine Zuchtruthe, durch welche Gott die
Völker straft.

Es wird vielleicht geeignet sein, hier einige jener wich=
tigen Stellen der heiligen Schrift anzuführen, in denen

Gott den Fürsten ihre Pflichten vorhält und das Glück guter und das Unheil schlechter Fürsten uns schildert. Möchten Fürsten und Völker sie beherzigen.

So spricht Gott durch einen König zu allen Königen: „Höret nun Könige und erfasset es: leihet Gehör, ihr, die ihr Gewalt übet über die Völker. Von dem Herrn ist euch die Ge= walt gegeben, und die Macht, die ihr übt, geht vom Allerhöch= sten aus. Er nimmt eure Werke ins Verhör und er durchforscht eure Rathschläge, weil ihr, obwohl Diener seiner Herrschaft, nicht richtig Recht gesprochen, das Gesetz der Gerechtigkeit nicht bewahrt habet und nach dem Willen Gottes nicht gewandelt seib: das schwerste Gericht wird die Vorgesetzten treffen. Der Geringe erlangt Barmherzigkeit, die Machthaber aber werden mächtige Strafe leiden; denn Gott scheuet sich vor keiner Größe, indem er den Kleinen und den Großen er= schaffen hat und trägt in gleicher Weise Obsorge für Alle. An euch Herrscher ergehen diese meine Reden. Begehret nach meinem Worte, liebet es und es wird euch führen: lichthell und nimmer verwelkend ist die Weisheit (welche es verleiht) und leicht wird sie wahrgenommen von denen, welche sie lieben... Der Sinn für diese Führung ist Liebe, Liebe aber ist Beobachtung ihrer Gesetze, Beobachtung der Gesetze aber ist Vollendung der Unsterblichkeit, Unsterblichkeit end= lich hat zur Folge: Gott nahe sein. So geleitet das Ver= langen nach Weisheit zum ewigen Königthume. Wenn ihr euch somit erfreuet an Thronen und Sceptern, o Herrscher des Volkes, so verehret die Weisheit, damit ihr in Ewigkeit Könige seid[1])."

Schlechte Könige dagegen bringen Unheil über die Völker und werden Strafgerichte in der Hand Gottes zur Züchtigung der Völker. Ein solches Strafgericht verkündet Isaias den Juden: „Siehe, der Herr der Herrscher nimmt weg von Jerusalem und von Judäa, was stark ist und kräftig, . . . Helden und Krieger, Richter und Propheten, Rathgeber und Weise . . . Dafür bestelle ich Knaben als ihre Fürsten und Weichlinge sollen herrschen über sie. Und das Volk wird sich erheben Mann gegen Mann und jeder gegen seinen Nächsten; der Bube wird toben gegen den Greis und der Niedere gegen den Hohen[2])." Aehnlich sagt der Prediger: „Wehe dem Lande, dessen König ein Knabe ist und dessen Fürsten in Schwelgereien leben; Heil dem Lande, dessen König ein Edler ist und dessen Fürsten essen zur rechten Zeit, zur Stärkung und nicht zur Ueppigkeit[3])!"

So spricht das Wort Gottes über die Könige und zu allen Völkern der Erde; es belehrt uns, welchen Antheil die Fürsten im Guten wie im Bösen an der Weltgeschichte genommen haben und auch in der Zukunft an derselben nehmen werden.

---

1) Buch der Weisheit VI.
2) Is. 3, 1 ff.
3) Prediger 10, 16.

XV.

Chrift — Antichrift.

———

In diesem Gegensatze liegt die Entscheidung für die Zukunft.

Wir schließen unsere Betrachtungen mit zwei Be=merkungen.

Es steht am Himmel ein finsteres Gestirn, von dem es schwer zu sagen ist, ob es im Abnehmen oder Zunehmen begriffen ist; und ob es im ersteren Falle nur zeitweise abnimmt, um dann wieder sich mächtiger zu erheben und seinen verderblichen Einfluß auf die Welt zu üben. Dieses Gestirn ist die Vergötterung der Menschheit in der Form des Gott=Staates. Wer an Gottes Wort glaubt, wird, je mehr er an Erkenntniß und Erfahrung zunimmt, eine hohe Freude, ein Unterpfand der Wahrheit seines Glaubens darin finden, daß ihm der Sinn des Wortes Gottes immer tiefer erscheint, daß ihm dasselbe immer mehr ein Licht wird, um in den Grund der Dinge, die sich seinem Geiste zur Betrachtung darbieten, einzudringen. Eines dieser göttlichen Worte, deren Erkenntniß uns den Gang der Weltgeschichte klar macht, ist jenes auf den ersten Blättern der heiligen Schrift, wo uns als Grund des Abfalles unserer Stammeltern von Gott das Wort des Versuchers: „Ihr werdet Gott gleich werden," angegeben wird: Darin lag auf der einen Seite die Größe der Bestimmung des Menschen und der ihm von Gott gegebenen Gaben; denn nur seiner überaus hohen Bestimmung wegen war das Bestreben möglich, Gott gleich zu werden und sich über Gott zu erheben. Darin lag aber auf der anderen Seite auch die ganze Gefahr des Menschengeschlechtes, nämlich die Ueberhebung über die ihm von Gott angewiesene erhabene Stellung als Kind und Geschöpf Gottes. Diese Versuchung ist nicht nur an die ersten Stammeltern herangetreten, sondern sie tritt an jedes ihrer Kinder heran. Zu jedem spricht der böse Geist: Du sollst Gott gleich sein; für jeden liegt die Entscheidung darin, ganz wie bei den ersten Stammeltern, ob er dieser Stimme folgt oder nicht.

Mit dieser Versuchung des einzelnen Menschen ist aber der Sinn dieser Worte noch nicht erschöpft. Die Kräfte, die Gott dem Menschen gegeben hat, die Aufgabe, die er ihm gestellt, die Entwickelungen auf allen Gebieten seines Lebens, zu denen er befähigt ist, sind nicht abgeschlossen in seinem individuellen persönlichen Leben. Der Mensch gehört überdies der Menschheit an. Wir stammen alle von einem Stamm= vater und bilden deßhalb eine unauflösbare Gemeinschaft. Nur in dieser Gemeinschaft besitzen wir vollkommen die uns von Gott verliehenen Gaben; nur in dieser Gemeinschaft erreichen wir unsere volle Bestimmung. Das Gute und Böse des Menschen erreicht erst seine ganze Größe und Vollendung, wenn es in dieser Verbindung auftritt. Das Reich Gottes auf Erden, wie das Reich der Finsterniß ver= wirklichen sich als Reich, als Gemeinschaft. Die Empörung des Geschöpfes gegen seinen Schöpfer, des Menschenkindes gegen seinen unendlich liebreichen Vater, zu welcher der böse Geist den Menschen aufforderte, wenn er ihn antrieb, darnach zu streben, Gott gleich zu sein, erreicht daher nicht mit der Auflehnung des einzelnen Menschen gegen Gott ihr Ende, sie wird vielmehr auch mit der ganzen Macht noch auftreten, die der Mensch in der Genossenschaft, in der Verbindung findet. Auf den Versuch des einzelnen Menschen, sich über Gott zu erheben, folgt mit einer gewissen relativen Nothwendigkeit der Versuch, die Menschheit, das Menschthum, den Menschen in seiner Gesammtheit über Gott zu erheben; der Selbst= vergötterung des einzelnen Menschen folgt die Selbstver= götterung des Menschthums. Nach so vielen Anzeichen der Zeit können wir wohl annehmen, daß wir in dieser Ent= wickelung begriffen sind; ja daß dies der tiefste Grund vieler Erscheinungen der Gegenwart ist. Dieses Wort der heiligen Schrift erklärt uns daher nicht nur die Geschichte der Menschen in den abgelaufenen Jahrtausenden, sondern auch in unseren Tagen in ganz überraschender Weise.

Für diesen Versuch aber, die Menschheit als solche zu vergöttern, ist keine andere Form zu finden, als die des Staates — und zahllose Richtungen der Zeit laufen, wie viele kleine Bäche, in diesem Einen Strom zusammen: der Gott-Staat, der Staat ohne Gott, der Staat als die Darstellung des reinen Menschthums und als die höchste Verwirklichung und Verherrlichung desselben. Das ist das Wesen des modernen Staates. Das ist auch, soviel wir es zu beurtheilen vermögen, die Richtung der geheimen Gesellschaften und des Freimaurerthums; zwar nicht in den Hoflogen, welche für das eigentliche Leben des Freimaurerthums durchaus nicht maßgebend sind und nur aus Klugheitsrücksichten von den übrigen Logen ertragen werden, wohl aber in allen, welche die Lebenskraft dieser Verbindungen vertreten.

Einige der fortgeschrittensten Logen haben deßhalb auch in neuerer Zeit die Bibel entfernt und an deren Stelle ein leeres Buch mit weißen Blättern gelegt mit der einzigen Aufschrift: „Gott!" Das ist gewiß mehr Wahrheit, um den Geist dieser Verbindungen zu bezeichnen, als die Bibel auf dem Tische; so weit mußte es kommen. Paulus predigte im Areopag, um den Heiden den unbekannten Gott, den sie verehrten, durch die Lehre Christi bekannt zu machen;

das war seitdem die Mission des Christenthums; Gott sollte den Menschen nicht mehr unbekannt sein, seitdem Gott selbst in Christus erschienen war. Jene Richtung ist die gerade entgegengesetzte und deßhalb wesentlich antichristliche. Was das Christenthum den Menschen von Gott bekannt gemacht hat, soll wieder unbekannt werden. Dieses Buch mit der Inschrift „Gott!" aber mit weißen Blättern, ohne Inhalt, in welches auch der Gottesleugner seine Lehre von der Gott=Menschheit beliebig eintragen kann, ist ein merkwür= diges und ganz zutreffendes Symbol des wahren, leben= digen Freimaurerthums unserer Tage. In demselben Maße aber als diese Geistesrichtung Gott wieder zu einem uns ganz Unbekannten macht, stellt sie sich zugleich dar als die Repräsentantin des rein Menschlichen, des wahrhaft Menschheitlichen, des wahren Menschenthums. Diese Ver= dunkelung des wahren Gottesbegriffes muß natürlich vor= ausgehen, ehe der Verführer den Menschen wieder mit neuer Kraft das alte Wort zurufen soll: Ihr sollt wie Gott sein. Die wahre Vergöttlichung des Menschen, wie das Christenthum sie will, schöpft ihre ganze Bedeutung, Wahr= heit und Kraft aus der wahren Gottes=Erkenntniß; die Empörung gegen Gott aber, in der zugleich alles Ver= derben und alle Sünde ruht, schöpft nothwendig ihre Mög= lichkeit aus einer Verdunkelung der Gottes=Erkenntniß. Nur eine Menschheit, die jener Gottesidee beraubt ist, kann das Verbrechen begehen, sich selbst zu vergöttern.

Die Form aber für diese Abgötterei des Menschthums, für diese letzte und boshafteste Abgötterei, kann nicht mehr wie im alten Heidenthume die göttliche Verehrung der Werke Gottes sein, der Sonne, des Mondes, der Sterne, sondern sie muß die göttliche Verehrung des Geistes und der Werke des Menschen sein. Das aber ist der „Gott=Staat als Werk und Darstellung des Menschthums. Die letzte und höchste Empörung, zu der es folglich die Menschen treiben können gegen Gott, ehe Alle, die daran Antheil nehmen, in den ewigen Abgrund stürzen, sucht sich deßhalb in diesem Gott=Staate zu verwirklichen. Dieses Antichristenthum in dieser Form ist das schwarze Gestirn, das am Himmel steht; es ist schon lange aufgegangen in der Idee des absoluten Staates; es scheint sogar in diesem Augenblicke etwas zu sinken; es kann aber durch Weltereignisse sich plötzlich wieder furchtbar erheben und eine große Macht auf einige Zeit gewinnen. Möge Gott unsere nächste Zukunft davor bewahren. Sollte dies aber eintreten, so wäre das ein Zeichen, daß jene Zeiten furchtbarer zerstörender Kämpfe nahen, von denen die heiligen Schriften reden.

Die zweite Bemerkung.

Alle Richtungen der Zeit, die bösen wie die guten, drängen uns auf einen Punkt hin, nämlich auf Christus; auf Eine Entscheidung, nämlich auf die, ob wir mit oder gegen Christus stehen wollen. Von dieser Wahl wird daher auch die Zukunft abhängen, ob sie uns Heil oder Unheil

14*

bringen wird; in dieser Entscheidung liegt die Entscheidung aller Fragen.

Dahin drängt die Wissenschaft alle Geister. Die Alten nannten die Weisheit das Haupt aller Wissenschaften. Darin stimmen die großen christlichen Denker ihnen freudig bei. Der heil. Thomas von Aquin sagt von der Weisheit, daß sie uns befähige, die letzten Gründe der Dinge zu erkennen; daß sie deßhalb auch alle anderen Erkenntnisse richte und ordne, indem ein richtiges Urtheil und eine richtige Erkenntniß nur durch die Einsicht in den letzten Grund und das letzte Ziel der Dinge möglich sei. Er nennt deßhalb so bezeichnend die Weisheit eine architektonische Erkenntnißkraft, weil sie nämlich alle übrigen Wissenschaften zu einem einzigen großen zusammenhängenden Gebäude der Erkenntniß so vereinige, wie die Architektur die einzelnen Steine zu einem herrlichen Tempel. Die Weisheit ist darum auch vor Allem die Kraft der Seele, Gott als den Urgrund aller Dinge, und in allen Dingen ihre Beziehungen zu Gott, ihren Zusammenhang mit Gott aufzufassen. Darum rechnet auch das Christenthum zu den besonderen Gaben, welche wir in den Sakramenten vom heiligen Geiste empfangen, die Gabe der Weisheit, wodurch diese natürliche Erkenntnißkraft der Seele in übernatürlicher Weise so erhöht wird, daß der Menschengeist fähig ist, Gott in der Klarheit, wie ihn das Christenthum uns darstellt, in seinem Zusammenhange mit der ganzen natürlichen und übernatürlichen Weltordnung, als den einzigen und wahren

Grund, wie auch als das einzige und wahre Ziel aller
Dinge zu erkennen. Die heilige Schrift selbst verkündet
uns das Lob dieser Weisheit in dem herrlichen Buche der
Weisheit.

Nun ist es aber offenbar, daß trotz der außer=
ordentlichen Ausdehnung, welche die Wissenschaften gewon=
nen haben, gerade diese Fähigkeit der Seele, diese architek=
tonische Seelenkraft, die aus allen Erkenntnissen einen großen
geistigen Tempel der Erkenntniß aufbaut, in dem dann der
wahre Gott, der vollkommenste Geist, seine wahre Verherr=
lichung findet, mehr und mehr und genau in dem Maße
verloren geht, wie sich die Wissenschaft vom Christenthum
abgewendet hat. Der Umfang der Erkenntnisse nimmt zu;
alle Wissenschaften sind wie große Steinbrüche, aus denen
das kostbarste Material zu einem geistigen Riesenbau zusam=
mengetragen wird; aber es fehlt diese architektonische Weisheit,
die es verstände, alle diese kostbaren Steine, diese wahren
Edelsteine zu einem Bau zusammenzutragen, welcher der
Ehre Gottes diente. Jener Gedanke Gottes, der die ganze
Schöpfung durchdringt, zusammenhält und ordnet, die=
ses geistige Band, das sich von Gott aus durch alle
Dinge zieht, fehlt im Geiste jener Menschen, die sich von
Gott abgewendet haben. Nur durch Christus und seinen
Glauben finden wir aber diese ächte Weisheit wie=
der. Wir haben sie verloren, seit wir uns von ihm
getrennt haben; wir werden sie wiedererlangen, wenn wir

uns ihm wieder zuwenden. Von allen Seiten der Welt trägt der Menschengeist das Material zusammen zu diesem geistigen Bau, den er seiner Bestimmung nach zur Verherr= lichung Gottes aufführen soll; und es liegen diese geistigen Steine noch wüst durcheinander, wie in einer babylonischen Verwirrung. O, wann wird Gott den Geist erwecken, der es versteht, diesen geistigen Bau zur Ehre Gottes so auf= zuführen, wie es jene großen Geister im Mittelalter gethan haben nach dem Umfange der damaligen Kenntnisse. Nur der wird das aber vermögen, der gleich diesen heiligen Männern die Quellen der wahren Weisheit im Glauben Christi, im Glauben der Kirche gefunden hat. Die ganze moderne Wissenschaft ist ein Beweis dafür, daß sie zu dieser Entscheidung hingetrieben wird. Je länger sie es verschmäht, von jenem Lichte, das in die Welt gekommen ist, um die Wissenschaft des Lichtes zu verbreiten, sich erleuchten zu lassen, desto mehr wird sie jener Fluch treffen, der die Baumeister in Babylon traf; desto mehr wird die Verwirrung gerade so zunehmen, wie der Umfang der Erkenntnisse wächst. Die Anhäufung des geistigen Baumaterials wird die chaotische Verwirrung nur noch vermehren. Kein anderes Fundament kann für die Wissenschaft gelegt werden, als welches von Gott gelegt ist, Christus Jesus.

Das Völkerrecht führt uns zu diesem Punkte, zu dieser Entscheidung hin. Die Menschheit liest nicht nur in der Bibel das Wort, daß sie von einem Elternpaare abstamme, sie fühlt es auch in ihrem tiefsten Innern. Alle Lügensysteme und alle Leidenschaften des menschlichen Herzens haben es noch nicht vermocht, dieses Bewußtsein in der Menschenbrust zu zerstören. Jede Menschenseele legt das Zeugniß ab für diese Zusammengehörigkeit, für diese heilige Verwandtschaft des Menschengeschlechtes. Deßhalb versteht auch der Mensch so leicht das Gebot, daß wir alle Menschen lieben sollen, wie uns selbst; daß wir in allen unsern Mitmenschen Brü- der erkennen sollen; daß wir schuldig sind, ihnen zu thun, was wir wünschen, daß man uns thue. Deßhalb hat er in seiner Seele die sittlichen Grundgesetze aller menschheit- lichen Verbände, die gewissermaßen lauter besondere Ge- staltungen dieses ursprünglichen Familienbandes sind. Deß- halb hat er namentlich als sittliches Gesetz für dieses Zu- sammenleben mit seinem Mitbruder das Bewußtsein der Pflicht, der Gerechtigkeit und der wohlwollenden Liebe. Auf diesen Grundlagen beruht dann auch die wahre Idee des Völkerrechtes. Es ist gewissermaßen die Anerkennung, daß alle Völker von einem Elternpaare abstammen, und daß sie deßhalb auch in ihren Völkerbeziehungen einigermaßen das Bild einer großen Familie darstellen sollen. Es ruht auf dem, trotz aller furchtbare Kämpfe der Völker unter einan- der, trotz aller mächtigen Leidenschaften des Egoismus, die diesem Völker- und Bruderverbande entgegen sind, — dennoch unvertilgbaren Bewußtsein, daß die Beziehungen aller Völ- ker einem höheren Gesetze unterworfen sind und daß die-

selben nach den Gesetzen der Gerechtigkeit und der wohl=
wollenden brüderlichen Liebe geregelt werden müssen. Wo
dieses Bewußtsein zurücktritt, da herrscht auch im Völker=
rechte rohe Selbstsucht mit allen ihren Folgen. Weil aber
das Christenthum die wahre Gotteserkenntniß und durch die=
selbe die wahre Grundlage aller sittlichen Kräfte der Mensch=
heit in sich schließt, so bietet auch nur das Christenthum den
wahren Fortschritt für das Völkerrecht.

Auch hier sind wir daher auf den entscheidenden Punkt
hingedrängt. Seitdem das Völkerrecht sich von den Grund=
sätzen des Christenthums abgewendet hat, sind wir auf dem
offenen Wege zu dem Völker=Faustrecht. Das letzte Jahr
hat einen mächtigen Beitrag dazu geliefert. Nicht die sitt=
lichen Grundlagen, nicht das Gefühl der Gerechtigkeit und
des Wohlwollens, nicht das Gesetz: Was du nicht willst, das
thue auch deinem Nächsten nicht! entscheiden dann über die
Beziehungen der Völker untereinander, über Krieg und Frie=
den, über jene Fragen, von denen das Wohl und Wehe, das
Gut und Blut der Völker abhängt, sondern der nackte
Egoismus, die Selbstsucht, höchstens um ihre häßliche Na=
tur zu verbergen, in den Schafspelz irgend eines doctrinären
Systems eingehüllt. Wir haben auf diesem Weg furchtbare
Fortschritte gemacht, und endlose Kriege — denn die Selbst=
sucht führt zu endlosen Verwirrungen, da sie nie gesättigt
wird — stehen uns in Europa und in der Welt bevor,
wenn wir auf diesem Wege fortschreiten. Auch hier ist deß=

halb die Welt in ihrer Entwickelung auf Christus hinge=
wiesen und es kann nur die Frage sein, ob wir vor end=
losem Unglück zu ihm zurückkehren werden, oder ob die
äußerste Noth großer Völkerkämpfe, wie damals die Fürsten
bei Leipzig, uns wieder zu ihm zurückführen wird, Kein
anderes Fundament kann für das Völkerrecht gelegt werden,
als welches gelegt ist, Christus Jesus.

Auch das innere Staatsleben führt uns zu diesem
Punkte, zu dieser Entscheidung. Wir haben darauf im Ver=
lauf unserer Schrift oft hingewiesen. Das Glück der Staa=
ten hängt ab von der Güte der Gesetze; von der Gerech=
tigkeit, von der Pflichttreue, dem Wohlwollen, der Uneigen=
nützigkeit, der Opferwilligkeit Aller, die, vom Fürsten bis
zu seinem letzten Beamten, an der Staatsgewalt Antheil
nehmen; von dem gegenseitigen Wohlwollen, von der gegen=
seitigen Gerechtigkeit, von der Achtung vor dem Gesetze, von
der täglichen treuen Pflichterfüllung Aller, die dem Staat
angehören. Der Staat, wo die besten Menschen wohnen,
kann auch der freieste sein; wo dagegen die Menschen ihren
sittlichen Werth verloren haben, da wird die Unfreiheit eine
unselige Nothwendigkeit. Diese nothwendigen Bedingungen
des wahren Glückes der Staaten können uns aber nicht
bloße Formen bringen, sondern nur der Geist und das
Leben. Wo finden wir aber den lebendigen Geist, der
die Gesetze wahrhaft gut macht? Wo finden wir den le=
bendigen Geist, der die Fürsten vor dem Stolze, der Selbst=

sucht und allen jenen Lastern bewahrt, die das Glück der
Staaten zerstören, und zu welchen ihre Stellung ihnen so
viele Versuchungen bietet? Wo finden wir den lebendigen
Geist, der die Richter gerecht, die Staatsdiener wohlwollend,
uneigennützig, opferwillig, treu macht? Wo finden wir den
Geist, der Denen, die das Volk vertreten sollen, jene Tugenden verleiht und vor jenen Verirrungen bewahrt, welche
den wahren Freund des Volkes von dem Volksverführer und
Volksbetrüger unterscheiden [1])? Wo finden wir den Geist,

---

1) Merkwürdig ist, welch hohe Anforderungen das Alterthum
an den sittlichen Charakter des Volksrebners stellte. Hierüber sagt der
Geh. Rath Dr. Seitz in der eben erschienenen Schrift „Zum Processe
Twesten" S. 11: „Von Demjenigen, der im Auftrage des Volkes und zu
demselben sprach, verlangte man mit aller Strenge, daß er sich dieser hohen
Mission durchaus würdig erweise, daß er jeden Exceß der Rede sorgfältig
vermeide, daß er nicht bloß formell, sondern auch sachlich jedes Wort,
das er sprach, jeden Rath, den er ertheilte, und jeden Vorschlag, den er
machte, vorher wohl überlege. Wer an der Berathung von Gesetzen
theilnahm, der mußte vor Allem zeigen, daß er selbst die Gesetze achte;
und wer über die Angelegenheiten des Staates redete, sollte der großen Gefahren, die er durch unbedachte und leichtsinnige Vorschläge hervorrufen konnte, eingedenk bleiben. Deßhalb bestanden zu Athen zur
Zeit der höchsten Blüthe der politischen Beredsamkeit äußerst strenge
Gesetze gegen die Rhetoren in den Volksversammlungen. Ungeberbige
Redner wurden mit schweren Geldbußen belegt, und wenn sie Staats-
beamte, namentlich die Archonten schmähten, mit dem Verluste ihrer
Bürgerrechte bestraft. Wer in öffentlicher Rede das Volk zu miß-
lungenen Versuchen aufgereizt, oder mit unerfüllt gebliebenen Verheißungen für seine Vorschläge zu gewinnen gesucht hatte, fiel als Volksbetrüger der Todesstrafe anheim und vor jeder Volksversammlung
sprach ein Herold den Fluch über die, welche den Staat durch ihre

der alle Bewohner des Landes mit wahrer Achtung vor
der Ehre und dem Rechte der Mitbürger, mit wahrem ge=
genseitigen Wohlwollen, gegenseitiger Hilfeleistung, täglich
treuer Pflichterfüllung erfüllt? Wo finden wir endlich den
Geist und die höheren sittlichen Kräfte, welche alle diese Men=
schen, die von oben bis unten an dem Wohle des Staats=
lebens mitwirken wollen, von jenen Lastern befreien, die nach
dem Zeugniß der Weltgeschichte das Unglück der Staaten
herbeiführen, die ihnen alle jene sittlichen Tugenden mit=
theilen, welche das Glück der Staaten befördern?

Nur die vollendetste geistige Blindheit, die ja selbst wieder
eine jener Wunden ist, welche dem Glücke der Staaten entgegen=
stehen, kann es verkennen, daß nicht bloße endlose Verfassungs=
verhandlungen und Verfassungskämpfe, nicht bloße doctrinäre
Systeme, nicht endlose leere Phrasen, wie sie uns die Zeit=
ungen und die Kammerverhandlungen ohne Unterlaß bieten,
uns diese Güter der Staaten bringen können, sondern nur
sittliche und geistige Kräfte. Deßhalb hängt aber das Glück

Reden betrügen würden." Aehnlich war es, wie der Verfasser weiter
ausführt, bei den Römern. Welche Wahrheit und welche tiefe sittliche
Anschauung liegt in dieser Forderung an einen Führer des Volkes, an
einen Redner in öffentlicher Versammlung! In unserem modernen
Staatsleben ist vielfach das gerade Gegentheil eingetreten und das,
was die Griechen verfluchten, den Betrug am Volke durch öffentliche
Reden und also gewiß auch durch die Presse, wird bei uns oft als die
wahre Blüthe der Freiheit verkündet. Dahin sind wir bereits gekom=
men durch unsere Abkehr vom Christenthum und der wahren sittlichen
Grundlage des Staatslebens.

der Staaten wesentlich und vor Allem von der Religion
ab. Das ganze Staatsleben mit allen zum Wesen des
Staates gehörenden Institutionen, mit allen zur Lenkung
und Leitung der Angelegenheiten des Staates berufe=
nen Menschen ist ein wesentlich sittliches, und weil die
Grundlage aller Sittlichkeit absolut nur in Gott selbst ruht,
ein religiöses. Das vollkommenste staatliche Leben ist darum
wieder nur in und durch das Christenthum möglich, weil
das Christenthum die höchste und wahre Gotteserkenntniß und
allein die ausreichenden Kräfte des sittlichen Lebens uns
bietet. Diese sittlich=religiöse Natur des Staates verkennt
der moderne Staat; sie verkennen alle modernen Staatstheo=
rien. Sie Alle erfassen den Staat entweder nach seiner
bloß formellen Seite oder noch niedriger von einem Partei=
interesse aus. Im letzteren Falle erfassen sie den Staat ge=
rade in dem Element, das der höheren, sittlichen socialen
Natur des Staates am feindseligsten ist, nämlich in einem
selbstsüchtigen Interesse, mag es nun das Interesse einer
herrschenden Familie oder das Interesse eines Standes
oder das Interesse des Geldes oder das Interesse des Ar=
beiters ꝛc. sein. Aus dieser Richtung entspringen alle jene
inneren Katastrophen des Staatslebens, die wir vor Augen
haben. Sie drängen uns alle gleichfalls zur Entscheidung,
freiwillig oder unfreiwillig auf den liebevollen Weg, den
uns die göttliche Vorsehung durch freie Erkenntniß der
Wahrheit führen will, oder auf jenen Weg der Zerrüttung

und des Elendes, der zugleich in der Hand Gottes der
Weg seiner Strafe und seiner Gerichte ist. Auch hier stehen
wir durch den schnellen Lauf falscher Richtungen an dem
Abgrunde, an dem Punkte der Entscheidung. Auch hier,
kann kein anderes Fundament für den Staat und das
Staatsleben gelegt werden, als welches von Gott gelegt ist,
Christus Jesus.

Endlich führt uns zu diesem Punkte, zu dieser Entscheidung
die ernste sociale Frage, die Lage des Arbeiterstandes. Alle
volkswirthschaftlichen Bestrebungen, die sich von der sittlich=
religiösen Grundlage dieser Frage entfernt haben, reißen
die Kluft zwischen Kapital und Arbeit, d. h. zwischen Rei=
chen und Armen, immer weiter und führen die große Masse
der Menschen, die dem besitzlosen Arbeiterstande angehören,
einem Zustande der Entbehrung der nothwendigsten Lebens=
bedürfnisse entgegen, der nicht nur an sich eine Unmensch=
lichkeit ist, sondern auch endlich zu jenen furchtbaren inneren
socialen Kämpfen zwischen Armuth und Reichthum führen
muß, wie sie uns in den Staaten der alten Welt zur Zeit
ihrer Auflösung entgegentreten. Die Resultate dieser mo=
dernen Volkswirthschaft und der verderblichen Theorien, die
sie ins Leben gerufen hat, können wir kurz in folgenden
Sätzen zusammenfassen:

Anhäufung des Kapitals, der Geldmacht auf der einen
Seite; in demselben Maße Zunahme des besitzlosen Arbeiter=
standes auf der anderen Seite;

Beschränkung des Antheils, den diese besitzlosen Ar=
beiter an dem Gewinne haben, welchen das Zusammenwirken des
Kapitals, der Industrie und der Arbeit abwirft, auf den
Betrag der Lebensnothdurft, nach welcher allein der Ar=
beitslohn bemessen wird;

Die Höhe dieses Arbeitslohns lediglich bestimmt durch
den täglichen Marktpreis der Arbeit, ganz in der Weise
anderer Waaren nach Angebot und Nachfrage, nur mit dem
Unterschied von anderen Waaren, daß man bei Ueberfüll=
ung des Marktes diese liegen lassen kann, um bessere Zeiten
abzuwarten, während der arme Arbeiter seine Waare, näm=
lich die Arbeit, täglich um jeden Preis losschlagen muß,
mag der Markt noch so überfüllt an Arbeit, mag die Nach=
frage noch so gering sein, wenn er nicht selbst mit seiner
Familie verhungern will. Daher eine Neigung, den Lohn
der Arbeit bei jeder Stockung im Handel und in den Ge=
schäften sich durch niedere Forderungen immer mehr abzu=
bieten. Daher dann weiter ein Herabsinken desselben unter
die nothwendigsten Lebensbedürfnisse, wo dann sofort der
Nothstand im eigentlichen Sinne des Wortes, das lang=
same Verhungern beginnt;

Mit dieser ewigen Schwankung des Arbeitslohnes nach
dem täglichen Marktpreis ein entsprechendes tägliches Schwan=
ken der ganzen materiellen Existenz der Arbeiter mit ihren
Frauen und Kindern — ein Schwanken, das sich täglich bei
der Befriedigung aller Lebensbedürfnisse jedem einzelnen

Gliede dieser Familien fühlbar macht; bei günstigen Verhält=
nissen sie verleitet, gleichsam als Ersatz für ihre Entbehr=
ungen mehr auszugeben, als diese eigentlich gestatten, wo=
durch dann in minder günstigen Zeiten die Entbehrungen
nur um so schmerzlicher werden. Nach einem officiellen bem
englischen Parlamente vorgelegten Berichte „über die Nahr=
ungsmittel der ärmeren arbeitenden Klassen in England"
befinden sich ganze Klassen dieser Arbeiter in einer Lage,
daß sie beinahe ein Viertheil weniger zu ihrer Ernährung
besitzen, als der Minimalsatz betrug, welcher als Maßstab
des nothwendigen Quantums der Ernährung festgestellt war.
Derselbe Bericht führt mehrere Grafschaften auf und zwar
nicht in Irland, sondern in Alt=England, von denen er be=
hauptet, daß mehr als die Hälfte der Bevölkerung dort
weniger zu essen habe, als die Erhaltung der Gesundheit
und der Lebenskraft erfordere. Das ist schon jetzt die Con=
sequenz der Lehren der modernen Volkswirthschaft in Län=
dern, wo sie länger in Uebung sind, und dieselben Con=
sequenzen müssen überall eintreten, wo diese Lehren län=
gere Zeit die Herrschaft erlangt haben.

Daraus entstehen dann nothwendig alle jene Zustände,
die wir mit der Bezeichnung „Uebervölkerung" zusammen=
fassen, entweder in der Art, daß bei zeitweiliger günstiger
Lage der Arbeiter dieser Stand sich schneller vermehrt, als
die nothwendigen Lebensmittel, oder was viel häufiger ein=
tritt, daß, wenn auch die Lebensmittel wohl vorhanden

sind, doch die Arbeiter des heruntergedrückten Arbeiterlohnes wegen nicht mehr im Stande sind, diese vorhandenen nothwendigen Lebensmittel für sich und ihre Familien zu erwerben.

In diesen Sätzen haben wir die nothwendigen Resultate der Grundsätze der liberalen Volkswirthschaft in Bezug auf die Ernährung der großen Masse der Menschen, die dem besitzlosen Arbeiterstande angehören, zusammengestellt, und wenn wir bedenken, daß diesen Ständen vielleicht achtzig Procent aller Menschen angehören, so ist es unmöglich zu verkennen, wie ernst die socialen Zustände sind, denen wir entgegengehen.

So unselig aber die Folgen sind, welche diese volkswirthschaftlichen Theorien mehr und mehr hervorrufen, so gänzlich unfähig sind letztere, ausreichende Heilmittel aufzufinden, um diese schweren gesellschaftlichen Zustände und Uebel auszugleichen. Ueber keine Frage ist mehr geschrieben und gesprochen worden und der kurze wahre Inhalt aller dieser Erörterungen ist, daß alle Zeitrichtungen, welche die sittlichen und religiösen Grundlagen aller menschheitlichen Verhältnisse verkennen, diesem wachsenden socialen Uebel gegenüber vollkommen hilf- und rathlos sind, ja daß sie zu Mitteln ihre Zuflucht nehmen, von denen man hätte glauben sollen, daß sie ihrer Grausamkeit und ihrer Unsittlichkeit wegen nur im Heidenthume hätten geltend gemacht werden dürfen. Bis zu welchem furchtbaren Extreme wir bereits auf diesem Gebiete gekommen sind, wollen wir an zwei Beispielen zeigen.

Die Mittel, die uns die Anhänger des berühmten Malthus'schen Systemes gegen die Uebervölkerung anrathen, finden sich in folgenden Sätzen: Die Bevölkerung strebt sich in einer geometrischen Reihe zu vermehren, die Lebensmittel können sich nur in einer arithmetischen Reihe vermehren; indem die Bevölkerung der Vermehrung der Lebensmittel voraneilt, entsteht nothwendig Mangel und Elend, wodurch ein Theil der Bevölkerung direkt oder indirekt wieder zu Grunde gehen muß. Ein in einem übervölkerten Lande geborenes Wesen hat kein natürliches Recht auf Subsistenzmittel; ein allgemeines Unterstützungssystem ist vom Uebel, weil es nur die Vermehrung der Bevölkerung und damit neues Elend fördert. Das einzige Mittel, die allgemeine Noth zu lindern, besteht in der Verhinderung zu starker Bevölkerungszunahme; diese hat die Regierung auf dem Wege der Gesetzgebung und des Polizeizwanges herbeizuführen; und im Uebrigen muß man die Armuth möglichst sich selbst überlassen.

So weit hat uns die Volkswirthschaft ohne Religion und ohne Christus gebracht, daß man solche entsetzliche Grundsätze bereits aussprechen kann. Bei Uebervölkerung „muß ein Theil der Menschen wieder zu Grunde gehen." Das ist naturnothwendig, — was hat man sich also darum weiter zu kümmern? „Ein Kind, in einem überfüllten Lande geboren, hat kein natürliches Recht auf Subsistenzmittel;" „der Staat darf durch Polizei und Gesetz die Bevölkerungs-

zunahme verhindern;" „die Armuth muß sich sebst überlassen
werden." Das sind Grundsätze, um die Menschen zu wil=
den Thieren zu machen, und dennoch wie weit sind sie ver=
breitet! Schon die Sprache dieser modernen Volkswirth=
schaftler ist für das christliche Gefühl unerträglich; sie spre=
chen über den Arbeiter wie über jede Sache und Waare.

Ein anderer einflußreicher Vertreter der modernen
Volkswirthschaft, Stuart Mill, stellt folgendes System auf:
Jedes menschliche Wesen hat ein natürliches Recht auf
Erhaltung durch seine Erzeuger bis zur erlangten Selbst=
ständigkeit. Ein Wesen zu erzeugen, welches man nicht
erhalten kann oder will, ist ein Verbrechen. Die Gesellschaft
hat ihre nothleidenden Mitglieder zu unterstützen, kann aber
dafür verlangen, daß diejenigen, welche aus öffentlichen
Mitteln ernährt werden, sich der Heirath enthalten. Das
einzige Mittel, die sociale Noth zu beseitigen,
besteht in der allgemeinen Verbreitung ver=
nünftiger und freiwilliger Selbstbeherrschung
hinsichtlich der Zahl der zu erzeugenden Kin=
der. Die Regierung hat das Recht, diese Selbstbeherrsch=
ung auf dem Wege der Gesetzgebung zu fördern. Es kann
nicht eher besser werden, bis die Kinder erzeugenden armen
Familien mit denselben Gefühlen betrachtet werden wie Be=
trunkenheit oder eine andere physische Ausschweifung [1]).

---

[1]) Vgl. J. St. Mill's Ansichten über die sociale Frage von
F. A. Lange, Duisburg 1866 und Histor.=polit. Blätter, Band 57.

Auch hier rufen wir aus: So weit hat uns die Volkswirthschaft ohne Religion und ohne Christus gebracht, daß
man solche Verbrechen offen lehren darf! Den Sinn dieser
Grundsätze hat im vorigen Jahre der Präsident v. Kirch-
mann sich nicht gescheut in einer Arbeiterversammlung in
Berlin zu erläutern und sie als Heilmittel für den Arbeiterstand anzuempfehlen [1]). Wir können uns daher nicht wundern, daß man in England in Folge solcher Lehren
bereits dahin gekommen ist, den Kindermord in einer
Ausdehnung zu üben, die uns an China erinnert [2]). So

---

[1]) Am Schlusse seines Vortrages über den „Communismus in
der Natur" ertheilte er den Arbeitern folgenden Rath: „Sie sollten
dafür sorgen, daß keine Uebervölkerung stattfinde, dadurch
würde sowohl das Kapital, wie die Nachfrage nach Arbeitern vermehrt. Der Arbeiter habe an zwei Kindern hinlänglich genug und,
um mehr Kinder zu vermeiden, müsse er sich beherrschen, ohne den
Trieb der Natur ganz zu unterdrücken. Siehe Social-Democrat vom
6. Februar 1866.

[2]) Kindermord — so schrieb man vor einem Jahre der „Neuen
Freien Presse" aus London — ist eine stehende Rubrik in den Londoner Zeitungen. Ein Obmann der Todtenschau äußerte sich neulich
dahin, es werden in London alljährlich 10,000 Kinder getödtet! Man
ist übrigens von Seiten der Geschwornengerichte äußerst milde gegen
Kindesmörderinnen... Als man vor etwa einem Jahre in einer
Menge Londoner Kirchen auf den Glockenthürmen und in sonstigen
Ecken eine Masse Kinderleichname fand, deren Dasein auf einen bedenk-
lichen gesellschaftlichen Zustand schließen ließ, entstand zwar allerdings
ziemliche Aufregung, da in der That aus jedem Schrank, aus jedem
Loche ein Skelett zu grinsen schien; doch wurde die Sache bald vergessen. Jetzt ist das Publikum plötzlich wieder durch die im Westen

ſcheut man ſich nicht mehr, in wiſſenſchaftlichen Werken, wie von der Volksbühne herab, den Greuel der Unzucht zur Verhinderung des Kinderſegens und den Kindermord in den Arbeiterfamilien als das Mittel zur Abhilfe der Noth des Arbeiterſtandes anzupreiſen! Unzucht und Kinder=mord waren die letzten Entwickelungsſtufen des in Grund und

von England gemachte Entdeckung erſchüttert worden, daß es dort gewiſſe alte Weiber gibt, die geradezu den Kindermord als Handwerk betreiben. Eine ſolche Hexe unternahm es, wie gerichtlich nachgewieſen iſt, für 5 Pfd. St., gelegentlich auch für 2 Pfd. St., den armen un=ſchuldigen Dingerchen den Hals umzudrehen. Das eine Mal, wo ſie es ſehr billig that, geſchah es aus Freundſchaft — für ihre Schweſter. In dem officiellen „Weihnachtsrapport" für 1865, welchen der Coroner der Grafſchaft Middleſer, Dr. Lancaſter, veröffentlichte, heißt es: „Der Kindermord in London hat ſo fürchterliche Proportionen angenommen, daß ich nicht im mindeſten Anſtand nehme zu behaupten, daß unter je dreißig Perſonen weiblichen Geſchlechts, denen wir be=gegnen, eine Mörderin — mit andern Worten daß 12,000 Weiber in London ſind, denen jenes Verbrechen zuzuſchreiben iſt. Meine To=dtenſchau erſtreckt ſich unaufhörlich auf todte Kinder, die in die Gärten geworfen, in Parks verlaſſen, auf Bahnhöfen verſteckt worden. Auch Verheirathete ſind oft deſſelben Verbrechens ſchuldig." — Beſonders iſt die Weihnachtszeit die Zeit des Jahres, wo hinter Gartenzäunen die meiſten jener unheimlichen Packete von der Polizei aufgehoben wer=den, die in Lumpen oder die „Times" gewickelt — weggeworfene Kinder enthalten. Aber nicht bloß in London hat dieſes unnatür=liche Verbrechen ſolche furchtbare Dimenſionen angenommen. Es iſt fürchterlich zu leſen, aber es iſt Wahrheit. „Das Winſeln der Säug=linge, ſo ſchreibt ein anderes Blatt, die nicht leben ſollen, klingt überall im Lande durch das Getöſe des Verkehrs." Im Jahre 1864 betrug dieſe entſetzliche „Aufleſe" 3050. Nach M. Pashley (Pauperism, pag. 138) iſt aller Grund vorhanden zu befürchten, daß in Folge der Ver=

Boden verdorbenen Heidenthums. Das Christenthum hat
uns das erhabene Ideal der sittenreinen Familie, welche das
Ehebett, wie der Apostel sagt, unbefleckt erhält — ein Wort,
in dem allein eine Welt voll Segnungen für das Menschen=
geschlecht enthalten ist — gebracht. In der kurzen Zeit, wo
wir uns vom Christenthum abgewendet haben, stehen wir
also bereits wieder mitten in den Greueln des Heidenthums.
Den christlichen Familien, wenn sie auch arm sind, sind die
Kinder mit ihren gottähnlichen Seelen der reichste himm=
lische Segen, die Quellen der erhabensten Freuden des
irdischen Lebens, und ein himmlischer Trost ist es dem
christlichen Manne auf seinem Sterbebette, wenn gute
Kinder den letzten Segen von ihm empfangen. In christ=
lichen Familien ist die Ehe ein hohes, heiliges, sittliches
Verhältniß, und eine erhabene Sittlichkeit schützt in ihnen,
nur bewacht vom Auge Gottes, von dem ersten Augenblick
des Daseins an das Leben des Kindes. So ist es noch
überall, wo das Christenthum das Gewissen bildet. Von
solchen Gütern weiß aber nichts die moderne Volkswirth=
schaft; sie fördert den greulichsten Egoismus des Kapitals,

---

sunkenheit und des Elendes der ärmsten Klassen der Kindermord ein
wahrhaft allgemeines Uebel geworden sei. Auch Dr. E. Smith
spricht in dem erwähnten officiellen Bericht „über die Nahrungsmittel
der ärmeren Arbeiterklassen“ von der gemeinen Praxis des Kinder=
mordes in den Hungerdistricten Hants, Cornwall, Somerset, Chester,
Oxford, Berks, Herts, Rutland, Wilts und Norfolk. Weitere Belege
findet man bei Ch. Périn, de la richesse tom. II. pag. 128.

sie fördert die Anhäufung der Geldmacht in wenigen Hän=
den, sie treibt den Arbeiter mit seinen nackten Händen in
Concurrenz mit dieser Geldmacht zur Verzweiflung und
läßt ihm nichts übrig als Rathschläge der Unmenschlichkeit
und der schändlichsten Unsittlichkeit: Kindermord der Wesen,
„die kein Recht auf Existenz haben,“ oder Unzucht, „um ihre
Existenz zu verhindern.“

Wie aber die liberale Volkswirthschaft den Noth=
ständen des Arbeiterstandes hilflos gegenübersteht, so
auch die sogenannten social=demokratischen Bestrebungen, die
nur dadurch sich von jenen unterscheiden, daß sie wenig=
stens die Zustände des Arbeiterstandes mit größerer Theil=
nahme und mit größerer Wahrheit offen legen. Im
Uebrigen sind auch ihre Systeme doctrinäre Experimente,
die unseren Arbeitern nicht helfen können. Wir können
daher die Behauptung mit voller Wahrheit aussprechen,
daß auf der einen Seite die socialen Schwierigkeiten,
welche aus den Zuständen in den Arbeiterclassen hervor=
gehen, riesenhaft zunehmen und daß auf der anderen Seite
alle Theorien der modernen Volkswirthschaftler diesen sich
anthürmenden Schwierigkeiten gegenüber vollkommen hilflos
sind. Wer das sittlich religiöse Band zwischen den Menschen
zerrissen hat, der hat auch keine Mittel mehr, die tiefe
Kluft zwischen Reichen und Armen anders als durch den
Existenzkampf auszugleichen.

So tritt denn die Welt auf allen Gebieten, auf die

Gott das Menschenleben und die Menschenthätigkeit hin=
gewiesen hat, der Entscheidung näher, und diese liegt in
Christus, im christlichen Glauben und in der Anwendung
des christlichen Sittengesetzes auf alle Gebiete des mensch=
lichen Lebens. In der Wissenschaft, im Völkerrechte, im
Staatsleben, im Volksleben stehen die Menschen vor Auf=
gaben, die Gott ihnen gesetzt hat. Wo sie dieselben durch
Christus lösen werden, da ist Fortschritt, da ist Vollendung,
da ist wahres Glück, da ist Gottes Ehre in der Menschheit
verwirklicht, da erreichen die Menschen ihre höchste Bestimm=
ung; wo sie dieselben ohne Christus erfüllen wollen, da ist
Tod, Verderben, Untergang, Kampf Aller gegen Alle und
der Fluch Gottes.

Es gibt kein anderes Fundament, als welches gelegt
ist, Christus Jesus.

Christ oder Antichrist — da ist die Entscheidung.